动则活络，
汇而宽广。

[释]《吕览》里，流水不腐,是在说一个道理，这个道理于市场也有非常的启示。老毕就深谙此理，于是《拿烟斗的男孩》第一个跃居亿元榜首；高更也是，不管是苏富比，佳士得这样的大拍家，纳高、纳尔逊这样的小槌也每每见着他的身影，积累了无数个这样的数据，《打扑克》才一槌6.7个亿（美金）。智者。

中国油画市场 第43辑

顾　　问 靳尚谊　詹建俊　朱乃正　宋惠民
张祖英　尚　扬　戴士和

主　　编 苗凤池
副 主 编 孔令才　杜允上
学术主持 颐　斋
设计总监 张　弦
主编助理 李沅芷
事务主管 孟祥淑
采　　编 唐　可　杨心眉
编　　辑 《中国油画市场》编辑部
电　　话 010-5202 9019
电　　邮 chinaopm@sina.com

出 版 人 陈高潮
责任编辑 梁　瑶
责任印制 宋朝晖

出版发行 北京工艺美术出版社
地　　址 北京市东城区和平里七区16号
邮　　编 100013
电　　话 010-8425 5105（总编室）
010-6428 3671（发行部）
传　　真 010-6428 0045/8425 5105
网　　址 www.gmcbs.cn
经　　销 全国新华书店
印　　刷 北京利丰雅高长城印刷有限公司
开　　本 889mm×1194mm　1/16
印　　张 22
版　　次 2016年3月第1版
印　　次 2016年3月第1次印刷
书　　号 ISBN 978-7-5140-0885-2
定　　价 128.00元

建议上架：艺术及投资专业类

图书在版编目（CIP）数据

中国油画市场. 总第43辑/苗凤池主编.—北京：北京工艺美术出版社，2016.3
ISBN 978-7-5140-0885-2
Ⅰ.①中… Ⅱ.①苗… Ⅲ.①油画-行情-中国 Ⅳ.①F724.787
中国版本图书馆CIP数据核字（2016）第029568号

自在途程

靳尚谊油画语言研究展

地点：中国油画院美术馆
时间：2015.12.3–2016.1.3

CONTENTS

杨飞云精品展
中国艺术研究院著名艺术家系列精品展
地点：中国国家博物馆
时间：2015.12.15-12.29

CONTENTS

@若无特别说明，本刊所涉作品的尺寸都以厘米为单位。

冯少协油画全球巡回展

海上丝绸之路

展览时间：2015/5/25-

主办单位：马六甲州政府对华商务投资委员会　广东省文化厅　广东省人民政府外事办公室　广东画院

展览地点：中国广州艺博院　泰国国家美术馆　马来西亚马六甲艺术馆　印度尼西亚雅加达东盟总部

CONTENTS

深入生活、扎根人民——当代十五位美术家巡回展
向人民汇报
主办：中国文学艺术界联合会 中国美术家协会 中国美术馆
展览地点：北京 陕西 四川 广东
参展美术家：
李焕民 詹建俊 刘文西 徐 匡 刘大为
韩书力 吴宪生 赵 奇 许 江 骆根兴
陈 坚 郑 艺 于小冬 陈树东 柳 青

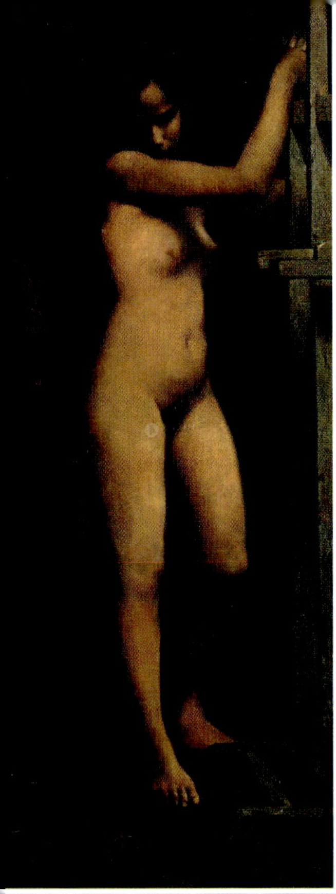

各领风骚 第1辑

《辞》曰：风骚者，俊才也。赵夫子所谓：江山代有才人出，各领风骚数百年，是说每个时期都有那个时期的能者。本栏辑吾国当代油画之能者而推出之，无男女之别，无长少之分，无风格手法不同而近此远彼，当然，择其卓越者。本栏初拟60人，分10辑刊发（次序没有先后）。

【凤池观察】青年时，才情；中年时，风情；老年时，热情；数十载之于油画，爱情。詹老以饱满的“情”抒写一道道靓丽的“风景”，可谓东方文明里璀璨的“诗篇”。

詹建俊 春风 116×81 布面油彩 1989

各领风骚·何多苓

【凤池观察】你从《雪雁》中走来，牵着弗丽丝的手；你远望《带阁楼的房子》，米修斯梨花带雨。老何多，今生注定一个贵族的多情种。你比谁都理解“凄美之美最美”的深内涵，国人胶着在你的美里，欲罢不能，如蚁之糖。

【凤池观察】今日景观里的《今日景观》。（此语原叙石冲先生名作《今日景观》）

石冲 物语系列 40×27 布面油彩 2006

各领风骚·周春芽

【凤池观察】暖暖的春风迎面吹，桃花朵朵开。枝头鸟儿成双对，情人心花儿开。啊哟啊哟，你比花还美妙，叫我忘不了。啊哟啊哟，秋又去春又来，记得我的爱。我在这儿等着你回来，等着你回来，看那桃花开。我在这儿等着你回来，等着你回来，把那花儿采。我在这儿等着你回来，等着你回来，给你把花戴。(引用《花儿朵朵开》歌词)

各领风骚·毛焰

【凤池观察】不管是“写实主义的探险”，还是对“世界文化的眷恋”，你的才情，尽人皆知，尽人皆服。与老何多，一对夺人眼球的“老少双侠”，群帝羿射，精彩一坛。

毛焰 大托马斯肖像之三 400×200 布面油彩 2009

各领风骚·王易罡

【凤池观察】优秀的艺术家都有几个华丽转身。早期的表现人物首先就开笔惊人，而后是深邃的立体，微微一露，幸福指数就不一样了，而今是"管你媳妇知不知道"都在"制造"战争，易罡曰：一个人的战争。

（王易罡《改过经典故事№63号》160×240 布面油画 2015）

各领风骚·冷军

【凤池观察】把火药玩成鞭炮的，大有人在；把火药玩成原子弹的，没有几个。

各领风骚·尹朝阳

【凤池观察】苏旅公评朝阳说有大眼光，我深信此语。不仅在年轻人中称得上佼佼者，即便在吾国整个画画的艺家中，朝阳也是出类拔萃的人物。简单说，八个字：脑里好货，手上好活。

尹朝阳 松下士No. 3 130×30 布面油彩 2016

大师·莫迪里阿尼

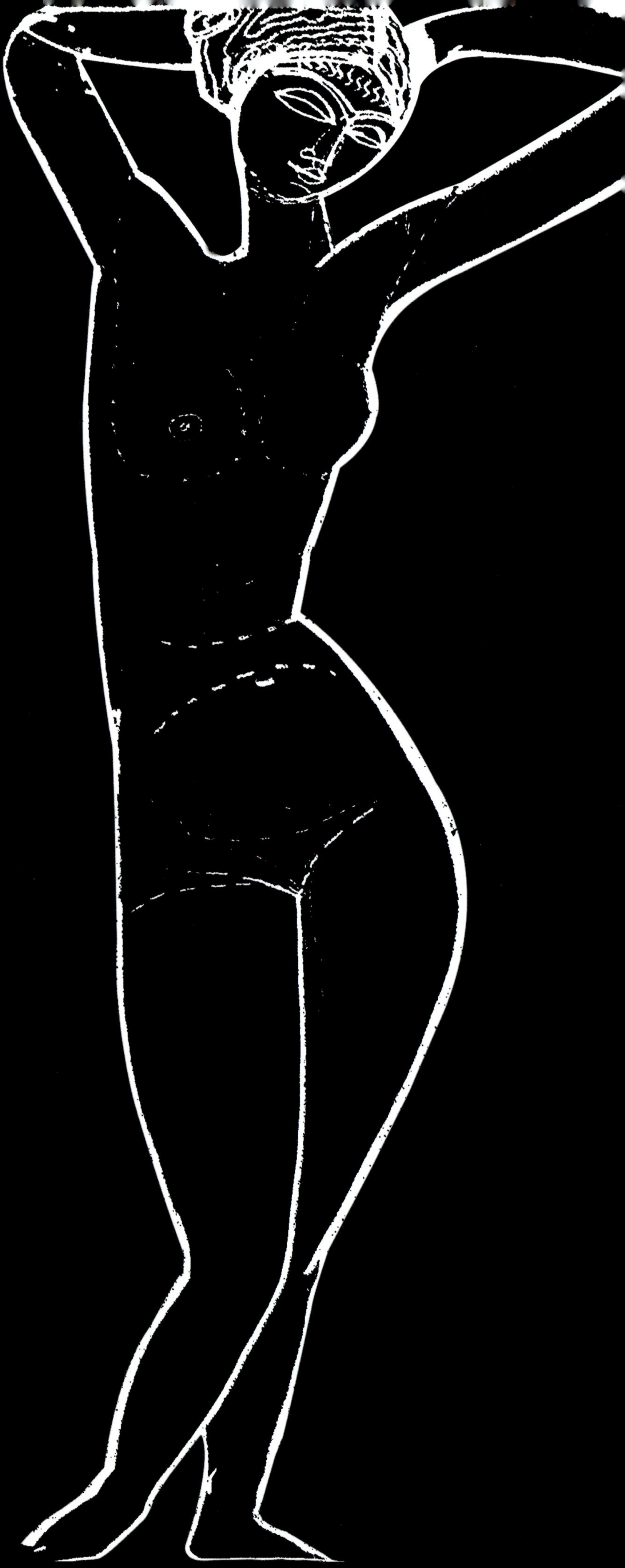

有关“莫迪里阿尼《裸女》10个亿”

莫迪里阿尼《侧卧的裸女》于纽约时间2015年11月9日晚在佳士得的“画家与缪斯”专场中创下记录。这幅估价在1亿美元（约合6.36亿人民币）的油画作品，最终以1.7亿美元（约合10.84亿元人民币）成交，打破了这位艺术家在去年11月的苏富比拍卖上由石雕作品《头像》（Tête，1911-12）创下的纪录，当时的价格是7070万美元（约合4.49亿人民币）。

莫迪 裸女 92×73 布面油彩 1918 私人藏

为什么《侧卧的裸女》能拍出这样的高价？这显示出了当下如火如荼的全球艺术市场的何种走向？以下这几个有趣的事实或许能给你带来一些线索。

莫迪入主“一亿美元”俱乐部

周一晚间的拍卖意味着莫迪里阿尼正式加入了巴勃罗·毕加索、弗朗西斯·培根、爱德华·蒙克以及安迪·沃霍尔的行列，成为拍卖作品价格超过9位数字的一小撮艺术家群体。

1亿美元的估价比莫迪里阿尼现有的油画成交记录高出了3000万——5年前在苏富比的拍卖上，他的一幅《沙发上的裸女（罗马美人）》以6890万美元成交。与现在的这件作品一样，《沙发上的裸女》是艺术经纪人、莫迪里阿尼的好友利奥波德·芝波罗夫斯基直接从艺术家手里购买的。据artnet价格数据库显示，到目前为止，共有9件莫迪里阿尼的作品成交价格超过了3000万美元。这其中包括了上周在苏富比纽约的阿弗烈·陶博曼专场拍卖中拍出的《宝丽特·茹丹肖像》，以4280万美元（约合2.72亿人民币）的价格成交。

莫迪短暂的一生穷困潦倒

在20世纪初巴黎蒙马特和蒙帕纳斯区的街头，莫迪里阿尼总是在上演波西米亚式的闹剧。雕塑家雅克·里普希茨曾经警告过他，过度饮酒就是在慢性自杀，莫迪里阿尼则回应道：“我想要的是短暂并有意义的人生。”没想到这句话一语成谶，这位艺术家1920年因肺结核去世，享年只有36岁。

佳士得的拍卖目录上隆重地介绍了《侧卧的裸女》，并且引用了奥斯卡·王尔德的喜剧《温夫人的扇子》中的语句来形容这位艺术家：“他的故事就是一个潦倒诗人的人生。虽然生活窘迫，他却在仰望星空。”

这位艺术家一生只做过一次个展，而且还遭到了警察的查封

这幅描绘匿名模特的裸体画曾经在这位艺术家唯一的一次个展中展出，1917年在巴黎博斯·威尔画廊举办的个展是莫迪里阿尼的首个，也是唯一一个个展，但是展览的内容却引发了争议。画廊橱窗展出的裸体油画吸引了众多路人，警察到来之后要求画廊立刻关闭展览。

此画的另外一次拍卖是在81年之前

在过去的100年间，《侧卧的裸女》曾经在各地展出，并且无数次出现在出版物上，其中包括了布鲁塞尔美术馆、阿姆斯特丹市立美术馆、巴黎国家现代艺术博物馆、伦敦泰特美术馆以及皇家艺术学院、纽约现代艺术博物馆以及米兰王宫。

佳士得的资料当中提到了一次拍卖：米兰扎卡利亚·皮萨金融公

莫迪 侧卧的裸女 60×92 布面油彩 1917

莫迪 卡莱泰德 43.2×26.3 纸本水彩 年代不详

司；佩萨罗画廊藏品拍卖，1934年2月5-8日，米兰，编号185。这件作品后来被已故意大利藏家吉安尼·马蒂奥利收藏，他是著名的20世纪早期艺术品藏家。据artnet新闻的可靠信息，这次拍卖的委托人是艺术史学家劳拉·马蒂奥利·罗斯——她是马蒂奥利的女儿，1977年父亲去世之后她继承了这批藏品。

专家们怎么看？

几周前，当苏富比对外宣布了这件作品的拍卖消息时，我们询问了前苏富比印象派及现代艺术部总监大卫·纳什的意见。“我觉得这也许是最好的一件侧卧的裸女作品。”他说：“在现在的市场状况下，我觉得（1亿美元）是很合理的价格。这绝对是一件佳作。”

相关链接：

说法一：

至少在中国能看到莫迪里阿尼了，这个普及意义太大了，而且非常正面。以前要看一幅西方大师的画，多难！搞个莫奈展火成那个样子，现在直接买回来，常设展，多好，如果只是普通的没名气的画，没人会去看的，群众喜欢围观十几亿的东西，之前是围观鸡缸杯，现在多了个这个。围观这个总比围观鸡缸杯好，围观鸡缸杯，历史价值可能大于审美价值，看不出所以然来，而这是纯粹的艺术品，观众肯定会很认真欣赏，而且一般这样的画，会有很长的介绍，一般花了钱来看的，会很认真地看这些介绍，光这个效果就很大了。

而且，当借鉴了莫迪里阿尼的林风眠仕女图，潘玉良的裸女画像和莫迪里阿尼的这幅画并列于龙美术馆，那是很有意思的。

刘益谦开始买这个，我看今后还会有越来越多的西方大师进驻龙美术馆的。我一直觉得我国审美教育落后，一个原因是学校的教育，另一个原因就是美术馆发展的落后。西方大师的作品在中国基本没有常设展品，而中国大师的作品在西方甚至比在中国更容易看到，刘益谦有钱能拿出来干这个，培养市场和审美教育兼顾，很好。

说法二：

好事。大快所有人心的好事。开心，开了又开。

我觉得这不光是龙美术馆的新纪元，以后也会带动其他美术馆逐渐进入新纪元。

大师和名作作为常规展，无论对艺术产业还是其他产业（旅游、教育）都是一件大好事。

比如东京上野公园旁边的国立西洋美术馆。

要不是冲着里面收藏了从文艺复兴到当代的很多大师的真迹，而且是常规展，我也不会去那儿溜达。

况且，中国富豪那么多，买买艺术品，挺好的。

说法三：

当然这件事无疑是一件好事情，像说法一与说法二说的那样，在普遍的社会意义上具有很积极的作用，老百姓会好奇十亿的东西是怎么样的，会去看。

而且莫迪里阿尼是20世纪的大师，和梵高、莫奈不一样，莫迪里阿尼“尸体可能仍是温暖的”，在这个基础上，大众对于现代艺术的理解加深，进而关注当代艺术。

而且由于体制问题，中国的艺术家没有任何来自官方的帮助，官方美术馆举办当代艺术展览（除了个别的双年展）也是少得可怜。在普遍意义上，被官方和大众接受的仍然是古典时期的艺术品。

当然，当代艺术本身的定位就不是面向大众的，但是如果能够得到一定的理解仍然是一个不错的助力。

说法四：

这里只说投资心态，完全属于个人理解：

1、只说保值，如果我有10亿，我最担心的不是买什么画，而是如何保住这10亿。

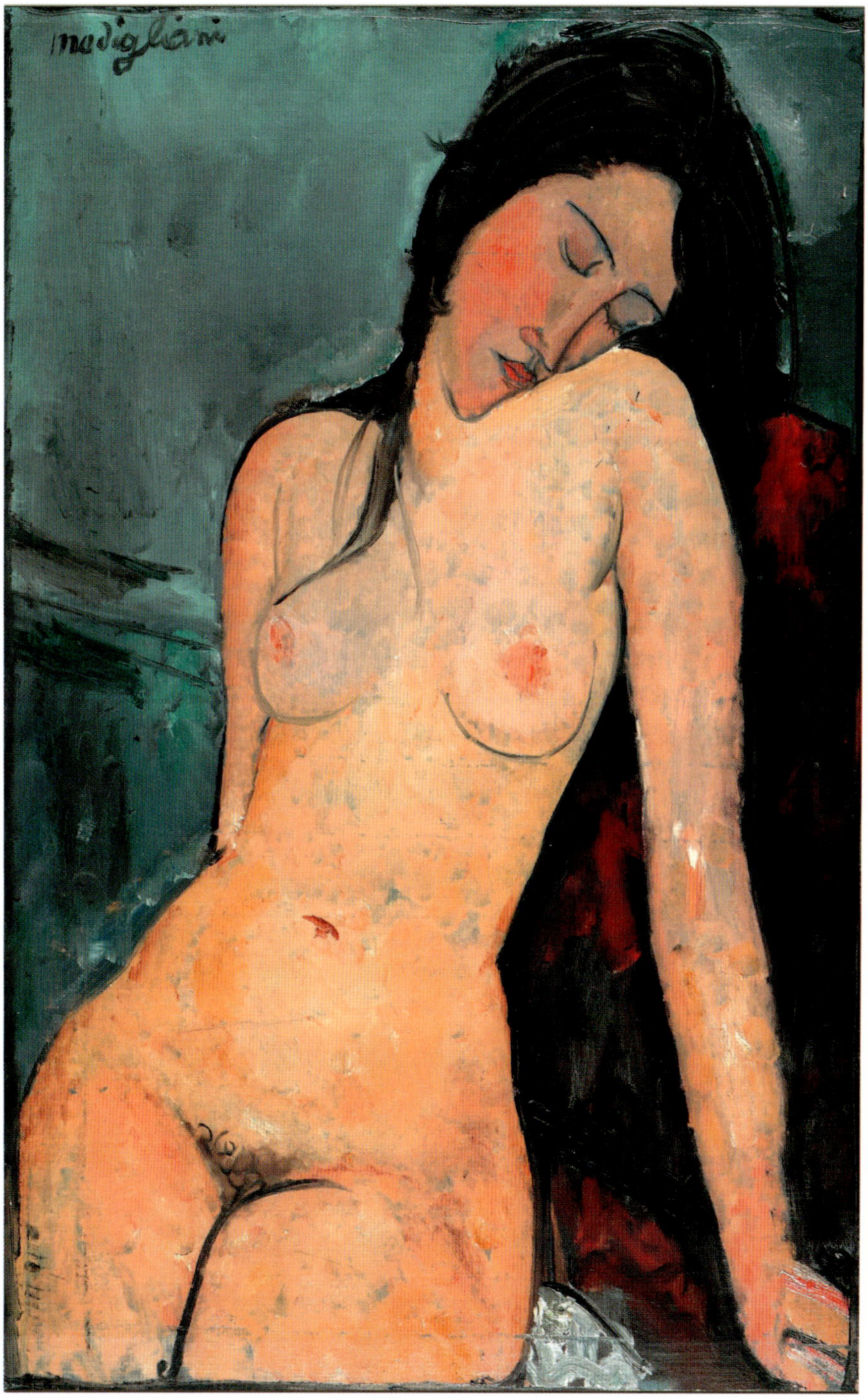

莫迪 站立的裸女 92×65 布面油画 1918 私人藏
莫迪 女像柱 81×45 布面油画 1913 巴黎私人藏

莫迪 坐着的裸女 92.4×59.8 布面油画 1916 考陶尔德艺术学院

莫迪 蓝色垫子上的裸女 65.4×100.9 布面油彩 1917 美国国家博物馆藏

2、我没有10亿，我对几百万保值，我会买值这个价的保值品，如果我要对10亿保值，那么我一定会买值10亿的商品，这句话很糟，但请想下背后的道理。

3、我懂艺术，我自己就会画画，且技术不算烂，作为书画古玩投资者，我无法欣赏一个明朝大瓷碗给我传递的艺术价值，作为现代人，我无法欣赏例如程嘉燧的山水和吴伟的人物，以及诸如此类。我感觉不到美，这是实话实说。

4、当然我没做到刘那样的财富，对于刘来说，我只是小把戏，因此我不评价刘，但作为商人，我想让我的财富保值，而书画古玩市场的长期稳定性，是最好的保值品投资点。且这个市场远期潜力也非常大，那么一件让我完全感觉不到美的东西，只要有盘口，有接盘侠，我也会买。之前有知友描述过刘对艺术品价值的二次开发，如展览。我做不到刘的层次，只能做自身资产保值，没做过的领域，我也不想多说了。

5、如果我有那样的资产，我也会买《裸女》这幅画，因为投资点太好了。作者三十几岁去世，画作稀少，且盘内有大批人推崇，价格抬得越高，对我来说接盘侠也就越多。

6、还是那句话，我无法从艺术的角度欣赏《裸女》这幅作品。

7、突然想起来前几年炒大蒜、炒红木家具的那些人。

皮力：巨资买画不如创造自己的文化标准

20世纪70年代日本战后经济开始腾飞，其中最主要的结果是日元在国际上开始升值。在此背景下，日本的海外消费开始迅速提高。艺术品收藏也是其中一块。日本的企业特别是保险和金融企业购买了大量的印象派到后印象派乃至毕加索。可以说今天这些作品市场价格的高涨和日本的贡献有着非常密切的关系。8000万美元的《鸢尾花》和最早上亿美元的毕加索都是那个时代的产物。而那个时候之所以日本藏家选择印象派时期的风格，一方面是比印象派更早的作品都已经在战后进入博物馆，不再市场上流通了，而比印象派晚的抽象艺术和观念艺术，虽然价格便宜，但是因为比较前卫被日本人看作是昙花一现的东西。

所以日本人造就了战后最大的印象派和毕加索作品的泡沫。20世纪80年代能源危机导致的经济危机加上美国对日本经济的围剿，日本经济下滑，日元又开始贬值。在这个背景下，当年冒进的企业和个人纷纷开始遭遇资金压力直至破产。很多作品，包括上面谈到的梵高和毕加索被抵押到日本的银行，但是市场继续下行和日元贬值，现在当银行想出售这些作品的时候，已经不能得出当年抵押的钱了。这就是为什么这些作品今天不在市场上也不在美术馆。它们被深深地锁在了银行的保险柜里，永不见天日。

如果我们想象一下20世纪70-80年

代日本艺术家在干什么呢？晚期的具体派，崛起的物派，以及回到日本的草间弥生和小野洋子。这些人的文化价值我们今天再重现发现，新的价格记录也在不断刷新。但当时这些艺术家其实非常惨，具体可以参见北野武的电影《阿基里斯和龟》。直到90年代以后，日本人才恍然大悟。从国家文化层面，日本国际文化交流基金会开始着力在亚洲背景下推广日本文化。而企业家开始审视自己的文化创作，森美术馆就是这个时期的产物。而在这个背景下才出现了后来的森万里子、奈良美智和村上隆。这时再回溯，他们才发现具体派和物派的价值。但是这时他们也不得不用高价从欧美人手上买回自己当年不屑一顾的东西。

这个故事告诉我们：第一，没有自己的文化标准早晚会被制定标准的人洗白的；第二，一定要爱惜你周围的艺术家，和他们一起创造属于自己的文化才是最好的投资。

莫迪 白垫子上的裸女 布面油彩 1915 私人藏

莫迪 美丽的罗曼尼 100×65 布面油画 1918 巴黎私人藏

散读莫迪，聚观大美

阿米地奥·莫迪里阿尼(Amedeo Modigliani，1884-1920)，典型的巴黎画派代表人物。莫迪里阿尼是意大利人，家系为罗马的犹太族名门。1906年，他从意大利的乡下来到巴黎的蒙马特，生活在艺术气氛浓厚的环境中，后来又移居蒙巴纳斯，成为波希米亚画家。莫迪里阿尼仅活了三十六岁，英年早逝。在短暂的生命中，这位伟大的天才型艺术家，燃烧创造活力，完成了许多优美的人物肖像和裸体画，礼赞人生，讴歌爱与生命，不断超越，展现永恒，灿然生辉。

莫迪 德蒂肖像 114×75 布面油彩 1918 蓬皮杜美术馆

莫迪 红发女子 35×27 布面油彩 1917

个人简介

莫迪里阿尼，意大利著名画家。他笔下的人物，有人认为具有令人怦然心动的优美（尤指他作品中的女子），有人以为只是矫揉造作的矫情，这虽是见仁见智的问题，但也能说明其间一个无法避开的认识，即感性美。

1884年，莫迪里阿尼出生于意大利莱克亨的一个富有家庭。虽然他很好学，但多病的身体总是给他带来麻烦，他无法得到系统的学习机会，即使是喜欢的绘画课程，在他大多数时间里也只能独自摸索。这种学习方式使莫迪里阿尼免除了许多条条框框的束缚，堪称不幸中的大幸。

1906年，莫迪里阿尼慕名来到花都巴黎。无疑，巴黎异彩纷呈的生活开阔了他的眼界，与众多云集于此的艺术家的交往使他对艺术的认识大大加深，从中还找到了趣味相投的朋友，雕塑家、罗马尼亚人康斯坦丁·布朗库西便是其中的一位。他们在1909年成为好友，在布朗库西的影响下，莫迪里阿尼也从事过雕塑事业。但是，这一切进行的同时，巴黎艺术家们的波希米亚生活方式大大损害了他原本就不健康的躯体，酗酒、吸毒是使他早早离开尘世的主要原因。

1920年，年仅36岁的莫迪里阿尼过早地离开了人间。

职业生涯

莫迪里阿尼生于利沃尔纳，逝于巴黎。他的母亲是一位破产的银行家遗孀，很早便预感到儿子的天赋，并且从不与之作对，她让他看了伊比里亚半岛上所有的博物馆，送他进佛罗伦萨和威尼斯的美术学院习画。最后，年轻人于1907年来到巴黎。他有着贵族的美貌，不过已为肺结核所噬。他古怪、犬儒、无志向，却又不乏脉脉温情。于是他很快便成为蒙马特奇特青年中最不安分的一个。

他在蒙马特住了六年，沉默寡言，游手好闲，不断地更换住所，在酒馆间晃荡。不过，他也参加美学论争，画素描，搞雕塑和涂抹油画。他参加了洗衣船的讨论，在图卢兹·劳特累克常去的那些地方，也可看到他高大而单薄的身影，因为那时，他正喜爱劳特累克的作品。这位大资产者的儿子有些人道的表现，他喜爱卑贱者，同情生活中的贫苦人，这些都由他的行动和作品以及选择的模特儿：看门人的女儿，孱弱的儿童，平民的女孩……表现出来。

他和其他许多画家一样，发现了塞尚。他还和雕塑家布朗库西是好友，后者使他看到了黑人雕塑，从此对他的绘画有着深刻的影响。在和布朗库西的接触之中，他感到自己也有雕刻石头的愿望。于是他创作了一尊雕像，不过没有完成。

事实上，他的雕塑的确没有他的绘画高明。1913年，莫迪里阿尼离开了蒙马特高地，来到蒙巴纳斯，徘徊于不安和醉意之中。这个游荡的可怜人身上充满了酒精、毒品和天赋，挥霍着自己的天分和金钱。不过，他也确实从未有过足够生存的钱。他几个生丁一张地卖着用惊人的肯定手法画出的美妙素描，几个法郎一张地卖着他创作的肖像和人体。

人们经常看到他在园亭酒店或穹顶酒店里，用尖细流畅的线条画着肖像，毫不在乎地把它们送给碰到的模特儿，换上杯酒，一饮而尽。他在约瑟夫·巴拉路基斯林画室作过画，苏丁和帕斯森都是他的朋友，他就象一块漂流物，从一家咖啡馆漂到另一家咖啡馆，从一间阁楼搬到另一间阁楼，有时会碰到一个避难所或一颗怜悯人的灵魂。

英国女诗人贝阿特丽丝·哈斯丁帮助了他一段时间，然后又收留了他，拿出自己的生活所需，使他得以

莫迪 年轻女子 55.4×38.7 布面油画 1915 私人藏
莫迪 尤尔丹像 100.3×65.4 布面油画 1919 私人藏

莫迪 年轻女人 73×54 布面油彩 1917

继续画着为日后博物馆和收藏家竞相争购的人物和人体。他结识了一位名叫扎娜·埃布戴尔娜的年轻姑娘，和她结了婚，并有了一个孩子。这个不安定的人终于该定居下来，至少该有一点安静了吧?但是没有。他被病痛耗尽，被肺痨击垮，进了一家医院，并于1920年1月25日，在三十六岁上嗫嚅着最后的一句话"亲爱的，亲爱的，意大利!"离开了人世。在安德·萨尔蒙和基斯林为他组织相当轰动的葬礼之日，他的妻子从六层楼上跳下，摔死在人行道上。

在莫迪里阿尼去世后不久，1922年巴黎举办了画家的回顾展，而关于他的传奇性传记也于1926年问世。直到这时，莫迪里阿尼才开始声名鹊起，人们评价他是"堪比梵高的悲剧性天才"。

评价

作为杜乔、卡斯坦尼奥、波提切利的同胞，莫迪里阿尼首先是用线的行家、素描家和样式主义画家。尽管他的颜色用得很正确，既不少共鸣，也不乏高雅，然而却并没有给其素描带来什么。不管怎么说，莫迪里阿尼在这上面是忠于托斯卡纳传统的，他完全使用图象，使用柔韧、巧妙、富有旋律的线条进行表达。

在一个时期中，他醉心于线条要超过讲究理智。这种忧郁而瘦削，高雅而柔弱，灵活到矫揉造作地步的线条并不去刺激或伤感地迎合人的感觉，它是多么得意地在一副面孔的椭圆形上弯来弯去，沿着肩头回转，将一个脖颈拉长，和表现着胯骨啊!既然它能够指挥形，那么，对于体积、空间来说，也就足够了!莫迪里阿尼以他自己的方式解决了立体派画家所致力的问题。他们事实上是尝试通过增加透视点来表现对象的全体。

莫迪里阿尼并非不知毕加索和布拉克的研究，然而他既非构成主义者，也非构图家，他的智慧也不大适合组织和深思。因此，他很聪明地拒绝参加立体派的行列。他搞变形，但不去创新，使用一些方法，但不采用严密的体系。

如果说他和一切立体派画家一样，对于光和气氛，对于"轮廓模糊画法"不感兴趣的话，他却有表现物体的结实和质感的雄心，而他所拥有的手段又是有限的，仅只有线，永远是线。他以任意确立的标准，把形状拉长和歪斜，使它具有对比，让它的轴线碎裂，面与面交叠在一起，这些人们称之为他的“表现主义”的东西，为现代艺术作出了自己的贡献，看看那些倾斜的头、削肩、长颈、无限延长的手臂、躯干、腿、头之间的不合比例，再看看面部那削瘦到极点的鼻子，缩短了间距、画成弧形的杏眼，狭窄紧闭的嘴巴，还有那四肢瘦弱、上身短小、带着蜿蜒曲线的裸体，一切都竞相表现出纤细、稀有、纷乱、娇弱，表现出波提切利决不会非难的“柔和美妙”。

莫迪里阿尼不会被当作当代绘画的一位创始者，但他找到了一种既是图象，又是装饰的风格，一种总的说来相当有限，但对他已经足够，并且不容辩驳地作用于观众的语言。这种曲线，涡形，延伸，这种温柔中的严峻，敏捷中的颟顸，模糊中的朴实，符合现代精神要求的意大利主义，被严正拯救出来的样式主义，以及包括在一种说不出的单纯和贵族持重之中的表现主义，这些就是人们欣赏莫迪里阿尼而不希望他有摹仿者的原因。

莫迪里阿尼属于大部分成员是外国人的“巴黎画派”，这派画家的作品特点是宣告生活中有某种痛苦，然而受苦超过别人的莫迪里阿尼却把对苦痛保持缄默看作是有关荣誉的事。他的简练当然不是总能成功地击退一种无法医救的悲观主义。

可是，天生的高傲和某种纯洁又

莫迪 金发女孩 46×30 布面油彩 1919
莫迪 男孩 92.1×60.3 布面油画 1919 印第安纳波利斯艺术博物馆

莫迪 戴帽子的珍妮 67×51.5 布面油彩 1917

使他免于形成过分狂热和放肆的画风。犹太画家特有的焦虑、紧张的理智主义给其作品染上幻想破灭的情调。可以说，莫迪里阿尼带给20世纪的不是一种新的语言，而是一种“新的战栗”。他身上有着某种隐晦的，不合常理的，复杂的东西，都由他的素描和油画展示给了渴望强烈感受和乐趣的一代。他那以唯心为主的艺术是文雅、脆弱、高贵的，这是一种呼吸起来沁人心脾，但又有点“害处”的艺术。

作品评价

生之有限，兼之阅历简单，所以他的作品风格没有明显的发展过程。或许他也尝试过后印象主义和立体主义，也模仿过非洲风格，但予人印象最深的是他别具一格的人物画。有材料说明1907年塞尚个展曾使他有了一次深刻的体验，他显然并未接受塞尚的空间概念，倒好像更趋于高更的平面性。1915年到1920年间，他逐渐自成一家，风格发展为一种富有特色的矫饰主义——讲求曲线韵律，形象有意拉长，着色以赭黄为主。即使如此，他的人物并不让人讨厌，不像帕尔米贾尼诺或格列柯的那些拉长型人物那样有明显的扭曲病态感。可以说，他拉长了人物比例，反给他们增添了一种敏感柔弱的气质，尤其那些或倚或躺的裸女，倒有了淡淡的毫不过分的性感意味。就这点而言，将他归入20世纪人物画大师行列，并无不当之处。他给20世纪怪像迭出的画面增添了一道道最具人性的美丽风景。

《阿尼斯的肖像》、《夏姆·苏蒂恩的肖像》、《裸女》都是关于美丽女性的作品，据说莫迪里阿尼愿意为任何为他摆姿势的人画像而分文不取，这些人中既有他的朋友熟人(包括许多名人)，也有大量的无名之辈。虽然他的独特风格使每一个不同的面孔呈现在画布上时都有相似

感，但细细体味下，每个人仍保留了他们自己的一些东西。在统一的沉静姿态上每个人都有或强或弱或浓或淡的愿望、情绪。这一点常为他们外表的相似掩盖。倒是他们之间的相像之处完全可以看作是画家个人气质的投射。

莫迪里阿尼从不故作复杂高深，无论是个人的阅历还是他的作品。在有限的生命里，在简单的人生经历中，他坚持表现芸芸众生中他体味最深入，虽柔弱但却闪耀光华的美丽生命。在每一幅景深有限的画面上，没有丑陋，也没有黑暗，在他最喜欢的威尼斯深红色背景之上的，是一个个深情凝望尘世的精灵。

他经常出入蒙马特和蒙巴纳斯的酒馆和咖啡店，与当时在巴黎生活的画家毕加索、尤特里罗、史丁、弗拉曼克、诗人贾柯布等人交往。那时，野兽派盛期刚过，毕加索、勃拉克等人开创立体派画风。莫迪里阿

莫迪 凡特思卡 81×46 布面油彩 1915
莫迪 穿绿礼服的女子 81.3×46 布面油彩 1917
美国国家博物馆

莫迪 瓦朗斯的萝拉 52.1×33.7 纸本油彩 1915
纽约大都会博物馆

尼在当时那个美好的时代，虽然在情绪上有焦躁感，物质生活又十分贫困，但却充满着友情和爱情，执着于自己的理想，狂热地献身于艺术创作。意大利美术根源与传统，曾经影响莫迪里阿尼：他到巴黎之后，塞尚、罗特列克的画使他深感兴趣；黑人雕刻和布朗库西的作品则唤醒他对石雕的自觉意识；犹太人独特的敏锐度也左右其内在艺术气质。他画中的长颈、小唇、椭圆形蓝眼睛，表现出沉湎于爱但又不愿凝视现实而眺望远方的情绪，给人一股空虚感。他画的裸女像，呈现出葱茂、修长的女性之体，迟滞的眼神，是一种直接而单纯地面对洋溢活力的性的致敬。

德国哲学家尼采在论及美和艺术问题时谈到：美是人的自我肯定，在美之中，人把自己树立为完美的尺度，在精选的场合，他在美之中崇拜自己。尼采的美学思想核心，是人的哲学，是生命的哲学，他主张利用艺术和审美超然物外，享受心灵的自由和生命的快乐。莫迪里阿尼深思熟虑的作品，颇能阐释尼采的观点。艺术与人生的真理，就是莫迪里阿尼一生追求的目标。

莫迪 Zborowska夫人肖像 55×38 布面油画 1918
奥斯陆挪威国家博物馆

莫迪 女肖像 46.1×33.2 布面油画 1907

莫迪 梳着刘海的女子 55.3×38.1 布面油彩 1917 美国国家博物馆

莫迪 雅各布夫妇肖像 81×54 布面油画 1916 芝加哥艺术学院

中国名家·刘建平

人类精神的终极关怀

文/亚日

刘建平老师的一组《美丽人生》系列肖像作品，让人过目不忘。记得在2002年中国国际双年展（世纪坛）看到了刘老师的这组肖像作品中的两幅，使我意识到与以往的作品有所不同，画面中开始出现单个的核心人物，也许是焦点，画中透出一种很强的人文精神价值，当我们回想起以前的《北京地铁》系列和《苹果园》系列等组画时，就不难看出这组肖像系列油画作品的画面色彩被削弱许多，但绘画意识却很强，很耐看。

刘建平 思想者右一 55×40 布面油画 2015

主观思想是刘建平老师左右着画笔的趋向的重要引导，这也许表明刘老师对画面的把握更加精神化，语言也更加纯粹，画面也更加凝练，语言画面单纯而浑厚。刘老师的画面隐藏着内在的精神生活，吐露出同时代人的心声，或者说是一个时代阶段性的历史记述。

刘老师的表达是内敛的，是精神的。不消极更不是个体精神屋脊的重建，而是一种精神生活所寻求的最终生命的关怀意义，人文精神与自我价值的呈现，是历史与当今时代人物在担负社会责任的又一次自我梳理和剖析，为此被寻求的这个意义往往体现出某种超越世俗的自身生活和社会生活的精神价值，因而寻求和守护往往具有终极关怀的性质。

在本我形式上，精神生活亦在本质上只能是以个人为依据，来阐述时代的印记与脉搏。

20世纪80年代以来，中国社会发生了深刻的变化，一方面是意识形态的弱化，消解了对人的内在精神的掌控，另一方面是本来意义上的精神生活的觉醒与呼吁。促使个人对生命意义的自觉寻求和感知，需要对某种精神价值的自觉认同，这样就必须在一个内在的自由的领域才能发挥作用和寻找支点，同时才会在社会层面上呈现出多元化的形态和意识。

到了90年代初，中国的社会生活状态发生了重大变化，市场化进程急速加快，实效主义之风席

卷人们的生活层面，功利主义和虚无主义的映射加强，正是在这样的背景下，出现了90年代前期的那场人文精神讨论，人们的确已经意识到了精神生活中某种矛盾的必然性和合理性，却又对此表现出了一种忧愤的情绪。或许画面里温和的略带一丝伤感与幽情正是恰到好处，长条幅画面好象将画面人物夹得很紧，人物似乎在内心高喊“人文精神失落”，这种情绪的集中表达体现了终极关怀，也是中国文化传统中所一贯缺乏的。

我们可以看出刘老师的画里存在着某些人类共同的乃至永恒的精神价值。我对画面的表达和理解并不能确定，因而在刘老师画面里的探寻，不能局限在此，所以这些画面的价值就不仅仅存在于个体而是多样化的。就精神生活而言，最应强调的正是个体性和多元性的表达，越是个人灵魂中的真实过程，就越具有人类共通的价值。

刘建平 北京地铁 15版 60×60 布面油画 2014

刘建平 蓝衣人像 布面油画 2015

刘建平简历

刘建平，1957年11月出生。中国艺术研究院油画院教授，中国油画学会理事。

作品曾获第七届全国美展铜奖，获新铸联杯中央电视台中国画油画精品展银奖和第八届、第九届全国美展优秀作品奖，获纪念中国共产党建党80周年油画展优秀作品奖，获第三届中国油画展优秀作品奖等。

代表作品有《走过村庄》、《北京地铁》、《苹果园》、《美丽人生》、《工农兵系列》、《人像系列》和《前排左起》等。出版有《中国美术家大系——刘建平》《中国油画院——刘建平》和《大家之路——刘建平》等专辑。

刘建平 城 160×196 布面油画 2012

《左起第一…》

文/刘建平

最近，在发送写生画展那几对人像的图片时，为了方便编辑辨别，我把题目写成《京郊左一》和《京郊左二》或者右一右二等等，其实就是把我自己觉得合适放在一起的几对颜色和形象放在一起，不至于错乱，于画册有利也于展览有利。也有利于编辑同志的辨别和组织，并且能够尽量简捷地交换意见。

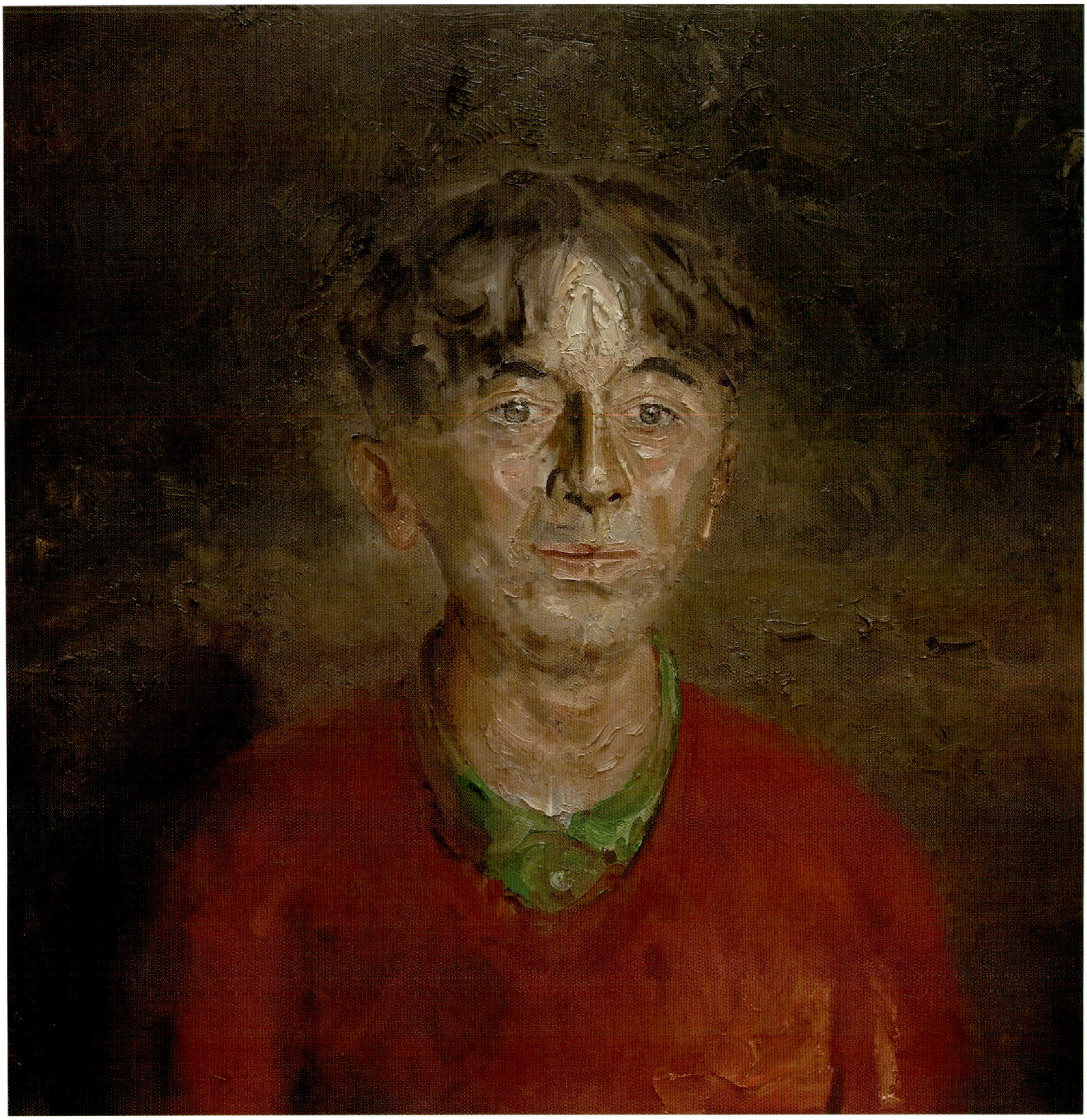

由此，我想到了我们辨别一幅群像合影中或甲或乙的那种方法，前排左起第一或者其他种种，在我们还不识得几个字的幼年，就随着这种方法辨认人物，琢磨人物。有时，也会有些片段的思想，比如那些比较伟大的人物为什么不一定老在中间——按照我们传统的全家福，长辈总是坐在中间的，又有左手右手等等讲究，由于时代和风尚的关系，我们没有学习过那些；还有学校里不多的合影，基本是某一年级要毕业之类，校长总是坐在中间，尽管比较起来有些同行已经老去不少，这与全家福的排法有所不同。

由此联系起来，伦勃朗的那幅《夜巡》之所以引起麻烦，实际上合情合理，如果大家交付了相同数额的费用，凭什么把我画在偏处暗处，既然你画了我——勾起了一个画家和一个被画者之间的基本问题。

一旦我画了他，就有如何处理、如何润饰的一系列问题，现实主义者、理想主义者、精神性论者，都有各种有雄心的处理和表现。

当然也有各种更新式更主观甚至各种解构性的方法，艺术家经常是很任性的。

让我们暂时抑制上述考量引起的热情，回到群像照片的标识方法，其实这种看起来的简捷也朴

刘建平 红衣人像 60×60 布面油画 2015

刘建平 左起第一 50×40 布面油画 2015

素的方法是一种高深的方法，也是高尚的方法，民主性的关注和被关注经常倚仗这种标识法来实现，尤其那些历史照片和有关历史的画面——一旦哪一位被排了进去，就只能靠这种方法被有兴趣辨认的人辨认出来，当然事情不会止步于这种辨认，许多叙述和历史也会被延伸出来，每当这些时候，单靠画面和形象就不能解决问题了，因此文字记录的意义也彰显出来，由于可靠的和不可靠及半可靠的文字，或许一些宏大事件也被揭示出来，也有了我们有时候希望得到的历史感。

比如当年沙飞拍下白求恩、聂荣臻和叶青山等等的合影，是一个又随意又不随意的排列顺序，我们也是通过前排左起或者后排第几的辨认方法，辨别出过去听过或者没有听过的人物，但是事情不止于此，人们也不满足于此，一旦看下去延伸出去，就远远不是一种随便的意思——沙飞牵出了石少华，

牵出孟祥瑞、吴印咸及侯波一系列人物，从白求恩，连带出那张从大洋彼岸回寄的关于毛泽东和白求恩的合影，从聂荣臻引出那个日本美惠子，还有送她的那个民兵，引出来所有叙述的真假辨别，这也就一步步发展出了思想，也带来了思想的混乱，此一时确实不是彼一时，也不再是此一时。

这种后续的叙事历史与当时的排列意识和实际顺序没有关系，就是说，历史的照片只是有意无意地排成了历史的照片，只是到后来，人物和他所连带的内容有了变化，也发生了不曾想象到的关系和张力，而且这些东西几乎都发生在这张照片之后，所有的都不是被预期的，其实多数是偶然。然而，从这里我们还可以了解历史为什么经常不被人喜欢，或被掩盖或被篡改之类等事件，就是当时排列与排列后的历史发展不协调所引起的后果——实际上，这张照片的人物与被联系起来的、我们所知道的“后来”的事情基本没有关系——我们的问题提示是，所有由偶然和必然、元件及重构纠缠在一起的概念事实序列，构成一个特别叙述感

刘建平 黑衣人像 169×90 布面油画 2010
刘建平 把歌唱 169×60 布面油画 2013

刘建平 右一 55×39 布面油画 2015

的迷宫，一个给矫情以充足机会的广阔空间。

这个空间是诱人的，我们经常不得不迷恋于此。

即使是一个现实中的人像，事情也不是看起来那样简单，2008年在山西霍州的一个林场，一个泥塑般的人物形象，其实是一套比较厚重，类似毛呢类的军用产品长时间穿在身上形成的结果，作为模特儿，这有些感觉，更有造型的是那张略微瘦小和略带羞涩的脸面和头型，与这套宽大军服结合起来的模样。然而真画的时候，由于这套军服，事情就不简单了，这个人物，他反复提到他的服装由他夏县公安局长的弟弟给他，这是什么意思？这个通常看起来显得卑微也自我感觉到卑微的人类，搜尽心怀搜尽素材，表达他在他的环境中可以获取尊严的有利条件，而他的唯一稻草，是他有一个公安局局长的弟弟，这是在某一种大环境和风尚中所需要的；当另外一个模特，一个看门人出现的时候，局长哥哥本能地站了起来，很恭敬的样子。按说这是一种低调的姿态——过几天，作为新模特的看门人、曾经的一个小干部告诉我，局长的哥哥根本就没有一个当局长的弟弟。

现实的生活是这个样子，现实的模特就是这个样子，我们既然画他，是要触及他的哪一种空间？或有权利有必要评价他的人性或立场、心境和私密？或有兴趣赋予他以某一类精神或崇高——如果我们在“看见”之外稍有延伸，就会有一个可以无限延伸的说法和“意义”空间。

对于视觉的艺术来说，这是不可靠的意义，当代的问题是这种可以延伸的意义扩大化了，以致附会的机遇也多话语也多。我常常注意排除过于人为和过于有意识的矫情，也注意观察干扰“本体”的情况出现在什么时候，事情是在哪里开始发生变化，实际上我逐步感觉到，即使是这种注意和警惕也不够干净利落。我写过《我的语言和

刘建平 北京地铁 15版 60×60 布面油画 2014

刘建平 绿衣人像 169×90 布面油画 2015

思想活动》是谈一种向原点的一步努力，再早的《我画美丽人生和工农兵》是更先前的一步，我希望把本篇看成前两篇的续篇。

关于人的形象的绘画，有一个复杂现实和历史表达的陪伴，即使看起来是那种写实的样子，肖像、人像和非人像，各有理由也各有水深火热。一幅韩熙载，有皇帝的原意，也有画家的原意，而在皇帝和画家的意思空间里，还可以繁衍出意趣种种，甚至严肃到主义或者精神，然画家总是分享画家的心思，也总有许多人追赶着皇上。如果不在乎一幅画的质变，任何思想的发挥尽可以随意。

我不想褒贬任何立场任何初衷，任何修饰任何赋予，也不想纠缠任何主义，比较起来，一种简洁标识的方法可以让我们自己少发表成见，相互之间的交流意思明确，更理想一些，是在短时间内回到原点。

一个画家，用若干年，把无意义画得有意义，再用若干年，把有意义画得无意义，也只有通过有意义的经验，才能甘心于无意义和它的成果，并充分领会无意义和意义。而在观看方，对无意义的注意就是进步。视觉表达的最高意义，在于无意义之处的无意义之光。

关于阐释性和本体性的问题，是不可能简单区别清楚和讲清楚的事情，笼统而论又会陷入某种概念、文本、风气当中。而最可靠的现实是，此时挂在墙上的，左一个，右一个——一切宏大的开始，一切无限的窗口，一切随意，让我们尽情享用观看艺术的这种无限。

刘建平 《...》218×169 布面油画

刘建平 思想者左一 55×40 布面油画 2015

我的"语言"和思想活动

文/刘建平

零七年，油画院成立时，教室在被改造厂房的二层，这些教室是有"语言感觉"的地方。四个方向水泥墙壁环绕着模特儿，由于不是阳面也没有天窗，散漫光照由正北方的窗口飘来，不暖也不是很冷。对象很"空间"，很清晰。早晨，打扮和收拾过的学生或模特儿，带着冬天户外的粉尘，从或远或近的住处赶到这里。教室里，很宁静、很常态，也很"风尘仆仆"。

模特儿坐在那里，通常是显得疲惫的样子，身体的主要部分按照规律相互支撑，并且共同依赖了椅子和椅子下面的地面——形成了一个便捷的坐的"状态"。被这一切所感染，在画布上勾画他们的时候，我总会想起几十年前那种行驶在白天，人很稀少的客车车厢——如果我是模特儿，我会非常在意这种可以心安理得于无所事事的感觉——有如一次长时间的旅程。显然这只是我的感觉或者我的爱好，不知道是否是模特儿的情况，他或她可能完全是另外的需要和想法、是非或"形而上" ，当然也有可能乐于坐在这里，正好和我的那种长途列车上的感觉一样。

一个不能被揣测清楚的感觉系统和想象世界，正是一个人、一个模特儿最精彩的东西。画家们所能有的，只是面前这个对象可以观看的部分，对这个坐着的"状态"

的反应。我的“现代意识”基础、“文化”观念和人的“自尊”的观念，以及专业立场都与此有关。

我时常想到安基里柯，想到圣马可修道院有安基里柯壁画的那些房间，那些一张床，一件家具和一幅壁画的简单小屋。接着也会想到具有相同观感的延安窑洞领袖住所，就我的印象，延安那里也是一张床，一件家具，一件椅子或一件板凳。实际上长期以来，是这种简洁、明净和朴素之感常常使我心旷神怡，不仅长久影响了我关于幸福生活的意识和态度，而且常常关照了我的体验和状态。

我还特别感觉到了“粉尘”这种东西。如同光照一样，尘也无处不在。“粉尘感”是语言感觉也是意味，其实这种意味，善于诗词的古人今人有过特别动人的表现，比如岳飞的“尘与土”苏轼的“尘满面”，也正是由于这种意味和表现的动人，尘就特别被“文化”了。这种感觉和文化意味提示和丰富了我对人

刘建平 风吹过 60×80 布面油画 2015

刘建平 满城春色 118×80 布面油画 2015

物的观察，特别对于“怜见”一面的注意。往往由于这一面，人物才显得生动可爱，所以我说过我对人的尊敬和热爱与日俱增，这一结果与上述意识和体验有关。

我估计我的画经常会反映出以上这些。换过来说，以上说法可以是对我的画的一些注解。

《工农兵系列》是另一种情况，与我对图画及其照片“语言感觉”的兴趣有关，这是些“间接”材料，但一直是我周围的“存在”，是我感觉世界中的重要东西。图片或文献的“文化”，已经在我“自我”的感觉和认识结构中，不能分离。

另一方面，以上这个意思，并不意味着我偏爱历史，实际上我画的不算历史，同时，也不认为虚构更有意义。一切当中，现实不仅作为资源，而且是基础和支撑。问题在于我认为现实是一定时间段落，现实感的获得又往往通过“媒体”；这样，我这里的现实就不能和文化分开——现实，是以一个复杂的样子和结构面对着我们。这样，我的现实感，往往通过“语言”获得，或者说通过“关于现实的语言”与现实本身的相互认领和反衬而获得。

为了能清楚说明这个问题，我想举出我看军事博物馆一个展览，叫作《复兴之路》的例子：其中有我的作品，大量照片和几件根据地的木刻作品。对我而言，假如画习惯上的历史题材绘画，中间又缺少了根据地生活的直接经验，照片就作为资料出现，我则研究作为资料的照片；然而我不画这种历史画，我的趣味在于这些图片的感觉，对我而言，图片在我面前的事实就是现实，同我看到的模特儿一样，这张平面的照片有它自己的语言感觉。再比如我和根据地木刻之间，我在意的不是通过它们了解当时的革命和生活，也不是要体会当时艺术家对生活的概括，至少现时这两点对我都不够重要，我的指向是在木刻本身的语言意境。

我深感“语言感觉”这种东西

刘建平 阿维农 50×80 布面油画 2012
刘建平 山 50×80 布面油画 2012

刘建平 京郊左二 50×40 布面油画 2015

同样激动人心，简单不过的目的就是要把这种对于语言感觉的体验传达出来，就是说重在表达某一被“文化”的现象，这种被文化的“现象”就是我面前的照片和木刻，在这里真正要下功夫的是研究合适传达这种感觉的，也是“油画的”语言关系和实践方法。

由此出发，我一部分画取材于20世纪60或者70年代的工农兵形象，其重心在于图片本身与我感觉上的一种联系，我虽然经历过那个时候的直接生活，但是并没记住多少。我只是从小看惯了图片，图片本身就很直接，同时它又有和我童年凝结起来的无比亲切。《工农兵》对我而言，是照片或雕塑上那些形象，我不会把任何具体人作为工农兵中的某一成员。

视觉的表达总是要尊重视觉本身，重要的不是追随理论上的种种是非，不是纠缠于叙事性和其他更加不着边际的东西。在我逐步发展的认识和实践中，“现实性”的发展一直随着“所见”，也随着形式意义的认识而深化；与此对应，这种深化也促进了对现实的“忠诚”，这种往来构成一度时期的基本感觉和思想状态，也直接影响到作品和表现。还要提到的是，我们还经常不能绕过“现实主义”的理论环境及其衍生或渲染出来的各种关系。在不同的历史和环境条件下，“现实主义”艺术有它的针对性，也有具体的利弊表现。在其他文章中我会继续探讨这个问题。

在这样的“语言感觉”中，我的意识和语言才显得明白，我的文化感觉和现实态度才显得明白。在现时，我的感觉框架和语言框架是这个状态。

我陈述近期实践环节中的一部分思想活动，把这些东西并置在上，目的是在实践角度强调观看的重要性和对观看的表达的重要性，强调与此相关的感觉方式的意义，与我自身的专业化要求有关。其实任何东西被“特别”强调都没有好处，只是鉴于当代语言文字的许多表达往往牵强附会。本质上，“观看”与“注意”相关，由于我们的时代要看的东西太多，匆忙之中还是要不忽略本是重要的部分。

现代社会，既提供了无限丰富的形象资料，又提供了方便多样，有助于观看的硬件条件，“看”的艺术，也应该发展出更加深入和精彩的内容才好。此时，我想到塞尚和康德，他们以特别专业的姿态，为“观看”或“思想”表现的深入作了最本分的贡献，他们生活在我们这种社会还没有来到的时候；此时我们也看到帕穆克，看到他对于感觉世界和思想世界的描述，体会“人”和精神表现的产品质量和无限空间，他就生活在我们今天这个世界。

刘建平 人像 169×90 布面油画 2010
刘建平 人像1 169×90 布面油画 2008

刘建平 左二 55×39 布面油画 2015

《美丽人生》和《工农兵》

文/刘建平

从《美丽人生》到《工农兵》，我画系列小幅人像，有写生也有记忆。

对我而言，现实就是此时和面前我所感受到的一切，也常包括一部分能够被感觉的历史，包括面前一切和历史所能激起的想象。一段电话，我们不由自主会想象对方的样子，但对象是不是正好合乎我们的想象，并不知道，也不重要，许多时候想象会更具张力。所以可视电话不一定全是优点——正如我们喜欢听到一首好歌，而不一定喜欢陪伴它的那个形象。引申开来，现实，比如现实的形象，经常是比我们面前所见更加复杂的东西。

这是我们经常会返回历史和想象中的一个理由，我们的现实感和现实感的表达，经常需要书本、图片、画和其他记录，需要其感觉和气质的坐标做参照。这样，我们有了画、照片所给的版本，有了电影、故事、传说和书本以及其他“文化的”产品所给的版本。换句话说，是书本和图像等等延伸了我们的想象、触及了历史，又由想象和历史调整或强调了那个“更真实”的现实的气息。

我画《工农兵》是由于对于20世纪有关工农兵的艺术语言的兴趣。工农兵的概念是历史的概念，是一个创造。它在20世纪社会生活和变革中的不平凡意义和强有力宣传不仅使它本身的意思远非字面，也远远超越了它所代表的成员本身，随着革命和政治的历史而横扫世界，并且在大的小的各种实际需要中，发展了“不以人的意志为转移”的正面及反面，同样，运动和惯性使它规模化、阵营化，当然也经典化了。

因为有了经典的工农兵概念，在艺术上就有了关于工农兵的语言创造，语法和修辞关系——不管人们对于这一点是否自觉。社会工作或者历史工作对艺术语言的专业要求并不比艺术圈内部更加松动。实际上，过去许多关于人物表现方面的批评不是关于内容的，而是针对形式语言的，比如李玉和白色上衣之丁点血迹，就是那个时候权威审美的形象要求，其他相关的设计举不胜举，后来，关于《父亲》种种也是从这种思想框架中演化出来，就在今天，其各个变种也在艺术的圈内圈外不断繁衍和生成。

这里的意义是，现实被语言替换了。语言所指，或者说人们通过语言所感觉和传达的那个不在场的现实，并不是真现实，就是说，“被表现”或“被文化”的现实对象与表现本身两方面，并不相互认可——其实，被表现方面越是不在场，表现就越有渲染的空间和机会。而且在许多时候，“被”常常并不被人警觉，加上经常的情况下，历史和现实总是表现出它不够耐心的方面，急切的“创造”总是寻找可以成全功利的素材，促进名实分离，社会和政治方面如此，艺术方面也是如此。这种情况下，“名”其实就积累了属于它自己的文化，在人类有机会更深远地交流之前，这些相对能够快捷获得的提纲、语言和形式，包括艺术的形式，都或多或少具有了一种客观和现实存在所不能取代的意义，而这种意义能够激起的反映和散发

刘建平 工农兵系列 73×39 布面油画 2006
刘建平 工农兵系列 73×39 布面油画 2006
刘建平 工农兵系列 69×36 布面油画 2011

刘建平 红衣人像 45×35 布面油画 2013

的魅力，就远远不是“名”，不是形式和字面的那些了。

这个前提下，可以有许多引伸，也有助于艺术形式问题的理解。

艺术问题的根本就是形式问题，所谓形式不仅仅是表面上看起来那些，比如西方古典建筑的柱式，其心理和精神内容就沉淀在里面，它所对应的是那些能够感觉到它的人们。没有一种形式只属于当代，也没有一个形式是过去了的、不复返的东西。敦煌洞窟靠千年的封存留下来，越剧京剧等等靠人民的票房传下来，这里我不单指其今天仍存在的事实，重要的是它以“今天的形式”所显示出的巨大生命力。

这个生命力不是由于宗教关系，不是依赖那些唱词内容，它纯粹是艺术语言的生成和不断焕发着的生命力。同样的关系，二十世纪以来关于工农兵的形式，是一个工农兵旗帜下形式和表现的集成，这是它的艺术意义。我们不强调工农兵理念的发明重要或者不重要，我们重在“工农兵”这种表现的特别意义。让我们回顾苏维埃到延安木刻，即便就后来“红光亮”，在今天也是足以使我们深切感受火红年代的准确词汇，它与激情或磨难不是同一层次的东西。“工农兵”之词和工农兵的形式，一起带着20世纪社会生活的节拍，带着20世纪现实及历史的形象关系和感觉特征，在今天依然发出颤动，也显出形式的不灭和定律。

由于几乎相同的基本问题，20世纪的一切对我们还不是一个曾经的过去，它的感觉和经验会始终作用于当今的生活和存在。在这样的意义上，才特别需要正视刚刚过去那个阶段的艺术和语言，正视那些词汇创造，正视图片、文献留给我们

的感觉和提示。

这样，我的画也是关于现实的图画，我是想推敲说法和图谱，以往所有相关的形式和表现就是最重要的认识之源和感觉之源。

“工农兵”原本是我为画而画的一个理由，但随着对它语言性质的认识，它在我的思想结构中就变得重要，我非常认真选择那些在我看来确切的形象，试图从各种可能的角度解释有关“工农兵”的课题，试验课题中对象的具体性、身份感和说服力；研究关于工农兵的形式语言，并且研究当今证件照片、生活写真，所有这些“语言关系”，一再对我进行着的表达发生作用。

我对图画语言感觉的要求来自真人、照片和图片的演化，但演化的事项不是对象和图像效果的抄袭和临摹。一个历史的人像与现实的人像，其形式体现不一样，各项信息偏重不一样。表达上的准确性依然是主要和重要的问题，我的图像观念对我目前的目标而言，还具有影响、作用和力量，由此，我的创作规模还有余地可以伸展开来。

刘建平 人像3 169×90 布面油画
刘建平 人像2 169×90 布面油画 2007

刘建平 绿衣人像 55×39 布面油画 2015

刘建平 蓝衣人像 160×80 布面油画 2012

刘建平 思想者 169×90 布面油画 2013

中国名家·岳海涛

静候永恒

——岳海涛《出场》系列油画作品评论

文/张伟

岳海涛的《出场》系列油画作品，舍弃宏大叙事性的各类事件和符号，醉心于描绘戏剧舞台及后台候场的情形，展现聚光灯后不为人熟知的隐秘图景。他从自己的内在精神出发，以自己的体认为基点，作品通俗与典雅并存，不仅体现了洞幽微明的艺术敏感，更成为当代油画艺术与中国传统文人意识相融合的明证，并由此与当代艺术潮流相汇，显示出艺术家独具慧眼的成熟和自信。

从《粉墨登场》到《出场》系列油画作品，岳海涛从未选择社会政

岳海涛 出场系列之二十一 80×60 布面油画 2015

治、经济、生活中公共性和集体性的记忆，也与时下盛行的事件性或符号性题材绝缘。他从戏剧舞台的日常情境中拍摄、收集大量视觉素材，很多画面是静态的，仿佛切割一个历史横截面：台上灯火通明，万众瞩目——与台上的热闹、光鲜不同，候场的沉静，甚至黯淡与之形成了鲜明的对比。岳海涛自由的、非预定性地借用图像与形象的原有意义，让我们跟随他的方式，进入舞台后方这个似乎熟悉但又陌生的世界。

作为文明古国，中国的国粹诸如京剧等，在经历清末家喻户晓的大红大紫后，现已生不逢时，命运多舛。时下除个别年长者能哼上几句外，绝大多数年轻人已无法享受停腔落板的慢节奏。直面传统文化在当代的日渐式微，岳海涛没有无谓的焦虑和直白的呼号。他用手中的画笔，描绘与之息息相关的场景，用画笔，在等候出场的图景中提炼生命的节律与诗意。

岳海涛的油画作品总体属于“现实主义”的范畴，他对传统现实主义绘画进行“平静的颠覆”：个性化的油画语言将传统文化与油画艺术进行重构，折射出人们对崇高的躲避。岳海涛关注现实生活状态的变化，将艺术探索的触角越过形式技巧的层面，以轻松的笔调寻找新的艺术语言，实现与文化载体的有机统一。偌大的画面中，他将人物安置在散淡的生活时空里，画面中的人物往往处在同一平面上，即使有着透视的构图，在处理上也极力营造平面化的视觉效果。岳海涛追求整体的诗意，质朴而自由的感受表达。在他看来，一张画的成功与否，不在于画的粗细、快慢，关键是感觉表达的明确与力度，任何局部都在整体综合中发挥作用，脱离了整体的局部没有精彩可言。岳海涛试图用随意挥洒的笔触，摒弃制作精到的肌理，很多背景多用快速的用笔，似乎有些“逸笔草草”，引导观众的视觉不在某一局部停留，而关注整体的意向、意味和情绪，他的作品因此没有“制作”的矫饰，切中中国文心讲究的“妙在似与不似之间”。

艺术的真实与否，不仅要看它是否与时代在表面上的同步，而且

岳海涛 出场系列之一 180×150 布面油画 2013

岳海涛 出场系列之十四 120×80 布面油画 2013

更应该看它是否出自内心的理念，艺术的独特魅力就在于艺术家能够发掘自身的感受，拨动人们内心从未泯灭的感动。在绘制过程中，岳海涛的作品不像有些油画那样看上去厚重，很多颜料比较稀薄，有的画布甚至露出底色，画面如国画中“留白”一样，富有透明、透气的效果，岳海涛对外域文化的转化进行个性化探索，通过对外来文化的学习、消化、吸收和改造，用油画这种媒介与中国传统文化结合，并将其转化为中国文化的有机组成部分，画作质朴的色调中充满灵动的雅韵之美，错落有致的人物形象叠印或隐退，轻松笔触勾勒出人物心理的活动，清新而飘逸，单纯而静谧的意境，体现岳海涛强大的控制画面能力，

他试图将原本以色彩和透视见长，以刻画现实真实为能事的油画语言，做了一次有效的中国式转换，饱含着东方人生意趣的生活场景，魔幻般跃然于并非宣纸、丝绢，而是舶来品的油画亚麻布上。

仅就《出场》的表层含义来看，艺术或者生活的魅力，并不仅仅蕴含在光鲜亮丽的聚光灯下，那些等待出场的人虽不在舞台上，情绪却一直沉浸在戏里，一直在酝酿着自己所扮演的角色。人生之路，很多场景何尝不是在等待“出场”？！某种程度上，候场或许是成功的前奏，候场候得了火候和时机，临场发挥就游刃有余，一旦上场，便有一种行云流水般的自如，犹如羚羊挂角，无迹可寻。“十年磨一剑”，岳海涛历经十年苦心孤诣创作的《出场》系列油画，已经登上当代艺术的舞台，国家大剧院等专业艺术机构专门发出收藏邀请函。近期，《出场》系列油画作品之一入选全国第十二届全国美展，目前正在杭州展区展览中，岳海涛油画艺术让人们不知不觉中感悟内在轻松之美，那种渐渐渗透的美感悄悄久留人们心中之后，能够慢慢地完全占据人的心灵，直击当代人们内心最柔软、最隐秘的情怀，引起美术界的普遍关注和专家的赞誉。

岳海涛 出场系列之四 180×150 布面油画 2015

岳海涛 出场系列之二十四 80×60 布面油画 2015

国粹之美

——"贤"谈岳海涛

文/张贤

说起国画家岳海波圈内几乎无人不晓，但说起其弟——油画家岳海涛却是所知不多。豁达、开朗的海波选择了独具地域特质的中国画并逐渐形成了鲜明的个性化特色；内向、沉静的海涛却偏偏选择了西洋画并对以油画的方式演绎中国戏剧痴迷不已。岳家兄弟在绘画类别的选择上属一中一西，但追其艺术生命的内核却又殊途同归，异曲同工。他们分别以不同的艺术方式和风格传递着中国的传统文化，弘扬着中华的民族精神。

一门出了俩画家，并都能自觉地履行艺术家所应当肩负的社会担当与育人责任。岳海涛坦言，这与同为老革命、老干部的父母的言传身教、严格要求有绝对的关系，家庭的熏陶和奉献主义情怀潜移默化地影响着我们兄弟俩的世界观。但在绘画方面，海涛直言：哥哥岳海波的帮助功不可没。"海波18岁考上五七艺术学校（山东艺术专科学校）的时候我只有14岁，他每次回家带回去的作业都像新打开的窗口强力地吸引着我，这大概就是我的绘画启蒙吧。那时候就下定决心一定要报考能学画画的艺术学校。"岳海涛如是说。

"后来就考上了同一所学校？"我问。

"没有。我报考的是山师，学的也是油画。和海波的学校与专业完全不同。我那时候人小，只想做一个完全不同的自己。"岳海涛回答。

"不一样的自己？"我重复着他的话继续问："所以对中国戏剧情有独钟？"

"我生性随和，不喜相争，虽然有时也会冲动，但大体上还是一个喜欢在静谧中欣赏风云变幻，在自然中体味人生的人。京剧旋律迂回曲折，跌宕有致，低音的深沉，高音的悲愤，苍凉凄楚的情调，激励、振奋的旋律一经响起就能抓住我的心，瞬间产生情感上的共鸣。每每都能让我涌起创作的冲动。还有一段我最不愿提起的记忆至今仍是刻骨铭心。”海涛顿了顿继续说道：“在那个特殊的历史年代，父亲被关进监狱，解放前曾经是地下党员的母亲也被下放劳动，我们兄弟尝尽了人间冷暖、世态炎凉。但奇怪的是，每当大街的批斗会上断断续续地飘来作为旧文化而遭批判的老艺术家的京剧唱腔时，内心便涌起说不出的想流泪的感动。可能那凄凉、沧桑的旋律令当初无助的我们联想到了自家的命运，少不更事的我到现在还记得《野猪林》中‘一路上无情棍实难再忍’等经典唱腔，后来还真的创作了油画《野猪林》。到现在我也说不清楚我的油画戏剧情结是不是那时候结下的。”不善言谈的岳海涛一口气说了这么多还真是不容易。

京剧，曾称平剧，中国五大戏曲剧种之一，腔调以西皮、二黄为主，用胡琴和锣鼓等伴奏，被视为中国国粹，中国戏曲三鼎甲“榜首”。我专门查阅了2013年12月4日档期资料：联合国教科文组织保护非物质文化遗产政府间委员会第八次会议4日在阿塞拜疆共和国首都巴库宣布对18项申请列入人类非物质文化遗产代表作名录的项目进行了审议，正式批准包括中国京剧、珠算

岳海涛 出场系列之四十四 80×60 布面油画
岳海涛 出场系列之二十二 80×60 布面油画 2015

岳海涛 出场系列之七 180×150 布面油画 2015

等在内的14个项目列入非遗目录。

现为中国美术家协会会员、山东美术家协会理事、山东师范大学美术学院院长、硕士研究生导师的岳海涛先生依旧谦逊，从不以傲视人，低调但却执着地在西洋画里演绎着他的戏剧人生。

与油画家岳海涛座谈还要具备相当的有关京剧的知识量。最起码要知道京剧行当主要分生、旦、净、丑。岳海涛显然掌握得更加详细："作为寻常百姓口中的'末'角指老年男性，在古代戏剧中也作为重要角色单独列出，但在现代戏剧中已归入生行。"他语调不急不缓，却也有些戏剧的韵味。

"京剧的'念做唱打'请再说说看。"做这种专业性极强的艺术访谈，我需要更多地了解岳海涛先生。

"念就是有音乐感的念白，做就是表演和身段，唱就是行腔，打

是结合民间武术，将其舞蹈化的武打动作。画戏剧类题材必须要掌握这些知识，但我最感兴趣的是运用色彩和线条构成各种图案，以象征人物的性格和品质所描绘的各种脸谱。它最主要的作用就是运用红、白、黑、黄、蓝、绿以及金、银等色彩来揭示人物性格、表现人物特点、褒贬善恶和明辨美丑。所以我每次去观看京剧时都会在不同的服装和不同的脸谱上迅速判断出人物角色，再推断出演员的出场顺序，为自己顺利拍摄找到最佳角度。后台演员出场前或淡定、紧张，或期待、渴望等不同的情绪表现，都深深刻在了我的心里，也是启发我创作《出场》系列的初衷。我拍摄的这些极具现场感的数百张照片成为我日后创作油画戏剧系列的最重要的准备，也成为我去年入选第十二届全国美术展的油画《出场》之二的前奏曲。”

一番带有京剧常识普及意义的交谈过后，岳海涛先生的油画作品依次“出场”了。

《牡丹亭》《大羽华裳》《白蛇传》《春闺梦》《双阳公主》《霸王别姬》等作品均为系列创作，《红娘》《刘姥姥》《鲁智深》《定军山》等单幅作品均属于他的早期作品。其中，《霸王别姬》中的“看大王在帐中和衣睡稳”；《春闺梦》中“被纠缠陡想起婚时情景”；《望江亭》中“只说是杨衙内又来搅乱”等经典剧情都使用了较为恰当的绘画语言进行了表述。其共同的特点是着色鲜艳夺目，人物具象生动，极其夸

岳海涛 出场系列之三 180×150 布面油画 2015

岳海涛 出场系列之十三 120×80 布面油画 2013

张、大胆，大面积的靓丽油彩以及造型少有写意的写实风格是他早期绘画的基本特征。其中《刘姥姥》一幅甚为有趣：手拄拐杖的刘姥姥小心翼翼地坐在大观园中的石头上，似乎并不想听或是听也听不明白身边陪坐的侍女在说些什么，从刘姥姥的表情上看不出是落寞、满足还是忧伤，但这种单纯、朴实而又心事重重的复杂神态却正是笔者认为最恰当的表达。

刀马旦《扈三娘》则画得颇具神采：娇黄色的背景下，一丈青扈三娘蝉鬟金钗双压，酱色凤鞋斜踏，笑吟吟紧握日月双刀，铠甲外衬大红纱，大红战袍、天蓝绣带，隐隐飘动的绛紫色双头翎使整个画面英武、灵动，极具视觉冲击力。

还有岳海涛提到的依据童年记忆创作的《野猪林》。黑衣、白裙的妻子张氏跪地泪别即将发配的夫君，红衣、黑袍，枷锁加身的北宋东京80万禁军教头林冲神色悲凉，长发散落，紧握双拳，双脚齐肩分立，画面上他怒目前视。倒立的浓眉、紧闭的双唇，黑白分明的浓重油彩恰如其分地刻画出了林冲反抗封建迫害的英雄主义精神。

这幅《出场之十二》则是岳海涛先生近期的新作了。画面清晰得都有了写真的味道。作品背景呈黑色，油彩涂抹之后的刮痕还依稀可见。这让画面背景有了些许风云意味的流动感。一位白裙、束发，高挑、风韵的现代装束的青年女性亭亭玉立，而她的身后则是一位身着湖蓝女帔，头戴凤冠配饰，风华绝代神情淡定的青衣端坐一旁，静等着出场。整个画面一坐一立，一古一今，一种穿越时空的视觉错位竟然和流动着的背景形成了奇妙的心理上的呼应。文化上的古今交错，历史上的有序传承……恍惚间，脑海中突然冒出了苏东坡的《水调歌头》——不知天上宫阙，今夕是何年？

岳海涛 出场系列之八 180×150 布面油画 2014

岳海涛 出场系列之二十六 120×80 布面油画 2012

岳海涛简历

岳海涛，山东师范大学美术学院院长、教授、硕士研究生导师，中国美术家协会会员，山东美术家协会理事，山东油画学会理事。1980-84年毕业于山东师范大学美术系。1995-97年毕业于中央美术学院第九届油画研修班。2002年《穆桂英》入选“纪念毛泽东同志在延安文艺座谈会上的讲话发表60周年”全国美展获铜奖；2003年《戏曲人物》入选第三届中国油画展；2004年《中国戏剧人物系列》入选山东美术作品展并获二等奖；2008年《中国戏剧人物》入选山东油画展获二等奖；2009年《梅兰芳之二》入选山东省庆祝新中国成立60周年油画展获二等奖；2013年《出场系列之二》入选十艺节全国优秀美术作品展；2014年《出场系列之一》入选吾土吾民全国美术作品展、《出场系列之二》入选第十二届全国美术作品展；2015年《出场系列之三》入选京津冀鲁辽油画作品展并获二等奖。

岳海涛 出场系列之十 80×65 布面油画 2010
岳海涛 出场系列之十二 150×70 布面油画 2011

岳海涛 出场系列之二十三 100×80 布面油画 2015

岳海涛 出场系列之二十五 120×80 布面油画 2010

岳海涛 出场系列之三十八 120×80 布面油画 2013

岳海涛 出场系列之十九 60×50 布面油画 2014

岳海涛 出场系列之十五 120×70 布面油画 2012

岳海涛 出场系列之十七 120×80 布面油画 2013

岳海涛 出场系列之六 180×150 布面油画 2013

岳海涛 出场系列之十一 80×80 布面油画 2008
岳海涛 出场系列之十六 180×150 布面油画 2014

岳海涛 出场系列之二 180×150 布面油画 2013

岳海涛 出场系列之九 80×80 布面油画 2006
岳海涛 出场系列之五 180×150 布面油画 2013

中国名家·杨洋

一个优秀的色彩指挥家

文/郭北平

无疑，杨洋是他们这一辈画家中最引人关注的佼佼者。他的有效的勤奋在80后的年轻人中间已属少有，这一点在我们多年的师生交往中看得十分清楚。说它有效是因为多年来其艺术创造的心灵之弦绷得很紧，同时又在间隙中时刻不忘记从经典素描中狂补基础功夫，完成我给他布置的日课。可以说他的思维长进是建立在临池的大量运动之中的。这一点小小的道理也是被无数事实证明了的。

杨洋说，我曾给他下过命令："给你五年时间，画出来！"我已记

杨洋 米兰地铁NO. 3 180×135 布面油画 2013

不清楚，但是挺像我的话。因为这种说法是建立在可以遇见的良性的基础之上的。而且必须是咬定青松，心无旁骛。尤其不可急功近利、追时尚。也许这一点已毁掉了无数青年学子的宝贵光阴。除去努力之外，还有一点至关重要的因素，那就是天赋。杨洋有很好的绘画感觉，他对油画本体语言的魅力有着难得的敏感。无论是以室内静物为主题还是以熟悉的人物为对象，他在绘画的经营上从没让我失望。他总是能做到既险处着墨又不失视觉法度精严，既从属心灵感受又能适度地把握松紧张弛，所以杨洋的画没有像更多的青年画家那样沦为照片的奴隶。也因此他能在近年来许多颇有学术含金量的全国展览中连连获奖，颇受好评。

其实，画画的道理并不复杂，一是对乐曲的心领神会；二是谙熟各种配器的符号意义，并努力使它们做到最佳的交响组合，与心灵共振。我深信，杨洋定能成为一个优秀的色彩指挥家。

一个勤奋而有天赋的年轻人

文/张祖英

杨洋是西安美术学院走出来的青年画家，我对他的印象还是比较深刻的。记得近日在上海兼办的中青年艺术家推荐展上，还是我举荐了他。这是一个勤奋、很具绘画天赋的年轻人。

杨洋属于80后的青年画家。有当今时代的特色，和以前的艺术家

杨洋 微网下生活的我們 200×184 布面油画 2014

杨洋 探戈NO.5 180×120 布面油画 2012

是不一样的。我们那个年代，一提到在生活里面汲取养分就是上山、下乡、农场、做工之类等概念，而他们这一代没有我们之前那种概念，他的画是关注年轻人周围的生活。对于他来说，熟悉他们同龄的人生活状态，也很亲切，看得见摸得着，所以驾驭起来比较顺手。他没有我们那个年代专门到别处汲取生活经验的习惯，他们的身边就是生活，这是一个鲜明的特点。可以看到杨洋在西安美术学院老师的指导下掌握了扎实的基本功，油画技法的表现、构图能力、造型能力都是很出色的。他画面的特点就是去除了当前一般的写实绘画的琐碎、雕琢，比较大气。画面构图简练、集中，这一点在其作品中得到鲜明的体现。同时画面构成也很得体、单纯，主题很突出，这些都是作品的优点。从人物各种造型与姿态，可以看出都源于当下现实生活，他花费心思力求通过生活与自然中的内蕴来提炼表达自己思想。

总的来说，他的画格调还不俗。除了构图以外，画面道具的选择、人物动作的安排都还是比较自然的，但是又在自然里面体现出他的严谨来。比较确切、真实地反映了当下青年人的生活状态和时代特点，这些都是难能可贵的。从未来发展来说，他是一个有很好基础和发展潜力的年轻画家，希望他能从生活表层里面进一步深挖和提炼，体现内在精神的抒发，在表达中凸显精神，在现象中关注内涵，希望他今后绘画之路多加努力！

杨洋 废弃的脚手架NO. 2 50×50 布面油画 2011

杨洋 暖冬 120×120 布面油画 2008
杨洋 静物习作 80×80 布面油画 2011

邂逅无言的青春

——青春题材系列创作感悟

文/杨洋

摘要：如果说绘画题材的选择是打开了艺术创作的一扇大门的话，那么探究描摹对象的精神内核就应该是探寻这扇门内的宝藏。在当代艺术发展日趋成熟的今天，传统绘画将如何审视和重新定位自己的位置，进而在新旧观念和多重意识形态的纠葛中继续发展是每一个传统绘画坚守者们都在不断求证的问题。在我看来，艺术作为艺术家自身摆脱人生和精神的困顿的功能性是超越所谓当代或者传统的表现形式的。因而我选择青春这个题材作为我的知秋一叶，在漫漫人生路中，青春包含了最多的可能性和不确定性。而在这个时期里我们面临的一切积极或者消极的感悟也都是最直接的，从这个角度出发，我们从绘画中领略的就不仅仅是个体的体验而已，它也必将反映了个体与群体的本源关系。

关键词：艺术题材，青春，精神共性

一般看来，受艺术家成长经历、教育背景以及生活环境等因素的局限，艺术家和合适的绘画题材往往是不期而遇的。艺术创作的要义不仅囊括了艺术家的自身艺术修养以及对艺术原旨的研究；同时也是对当下现实情境有效的挖掘，最终达到以个体体验来揭示或者校正群体认识的目的。于是一幅优秀的艺术作品在视觉与思维的深度方面都要具备相当的先锋性。如果说视觉的铺陈仅是触发观者思考的引线，那么对于艺术家来说找到一个恰当的切入点就变得非常关键。所以，合适的题材就成为艺术作品形成过程中极为重要的元素。

艺术题材一如人的性格，浑然天成。从大学时代开始我就一直偏好描摹身边的人或事物。在创作过程中，我总能够发现一些平时极易忽视的东西，那些对象的细微情绪在绘画中会逐渐显现，变得饶有趣味。那个时期我有一些很感性的作品，像《朋友》和《冬日的无奈》。现在看来仍是心境纯真的作品，画布的背后透出的是一种微妙的情绪，它发端于那个年龄段敏感、忧郁、彷徨、颓废的情感特质，让那时我的青春充满了灰色。但这种特质对我来说又真实而深刻，因此构成了我热衷于表现这个题材的缘由。

青春的珍贵在于它之于每个人都只有一次而已，它不乏公正却蕴含着更多的疏离与可能。不同的经历、不同的性格、不同的阅历和认识会使个体散发出异样的气息，让每个人的青春变得不同。相比早期作品，岁月的蹉跎似乎让我对青春的认识失去了敏锐，却也促使我开始尝试以更委婉的方式处理画面。在表现手法上，为了能够捕捉更为精妙的情感细节，丰富精神层面所蕴藏的内在变化。我逐渐从比较客观的现实主义，融入一些浪漫主义情结，对图像和图形的理解也越发深刻。从而使绘画进入了较为自由的表现空间。

可以这样说，青春题材从创作思路和技术语言上都能够很好地表述我的观念。通过描绘青春气息浓厚的青年形象来窥探社会和时代强加于人的种种外在属性，最终诠释隐藏在外在形式下个体与群体的本

杨洋 有风的日子 146×195 布面油画 2014

杨洋 一米阳光 150×150 布面油画 2013

源关系。人作为媒介被动地承载着社会信息的接收与回应，因而人所表现出的各种精神状态都与社会息息相关。毕竟人是社会的主体，人的存在构成了完整意义上的社会，而社会也在无时无刻将各种信息反馈于人。选择青年形象就是因为青年时期是一个人成长过程中极富活力、充满畅想而又非常敏感的时期。由于本体对于信息的反馈没有过多修饰，直面切入“人与社会”这一主题，透过表象提取更深层面的社会信息，因而社会的发展和时代的进步，最容易在年轻人中显露端倪。把错综复杂的各种联系梳理，解构后会带来完全不同的视觉和思维效果，社会信息强度和载体之间的紧密关联也随之更为清晰，画面所蕴含的意义也就自然产生变化了。

当下的各种意识形态透过社会表层进入人的精神内部。在时尚、潮流的表象下，在根源于社会的精神压力的积蓄中，人们总无法掩饰内心的无奈与迷惘。困惑、恐惧、欢喜、悲伤都已不再是纯粹本能，而是掺杂着多重附件的社会行为的衍生现象，人物内心因而更加难以解读。在此前提下，在绘画中注入人文关怀变得尤为重要，努力地反映人物的内心情感，才能使作品更有生命力。一幅成功的艺术作品能够传递出更深层复杂的信息，对这些信息准确的解读并以合理的方式表现往往能够使作品具有更强的穿透力，加深了视觉刺激从而与观者产生沟通和共鸣。

似乎当代艺术与传统绘画之间一直存在扑朔迷离的纠葛，在逐渐走向融合的趋势下前者仍保留了足够的影响力。一方面，当代艺术中新意识、新观念对于传统绘画在当下的发展造成了冲击。更为先锋、开放的思维形式进入到绘画领域，使绘画艺术在表现方式上拥有了前所未有的自由空间。各种新的探索、新的

研究都试图在个体的艺术活动中创造着新的价值观。另一方面，当代艺术以革命性的解放形式也在改善着传统写实绘画。比如当代艺术中的思变性在多个方面改善了传统写实绘画中顽固和陈旧的一面，给传统绘画带来了新的可能。合理的理解当代艺术的精神所在，对于传统绘画发展延续有显著的现实意义。在艺术发展的各个时期都存在先锋艺术对传统艺术的改良和发展，只是在辩证的过程中会经历无数的否定与认知。

先锋意识应该被倡导，但传统精神却不能被遗忘。任何事物发展到一定阶段都会演变为“旧事物”。虽然“旧事物”最大的负面特征是“顽固”，但新事物的崛起并不是以“旧事物”的沦丧为扶梯，而“旧事物”也不是注定的殉道者。今天，当代艺术已经完成了自圆其说的过程，拥有了完整的生态系

杨洋 白衬衣 175×195 布面油画 2015

杨洋 探戈NO.6 180×120 布面油画 2012

统。进入“当代”语境需要某种特定路径，使该类艺术形态明显有别于传统艺术形式。虽然二者在理念与追求上有所差异，但两者之间的关联和交融也造就了二者相互汲取营养，互相推动的发展现状。况且绘画本身的魅力并不局限于是否传统或当代某种表现形式上，关键是能否符合当下时代趣味，揭示隐藏的实质，让绘画的格局不拘泥于形式的标尺上。

客观地说，遭遇当代之后的传统绘画在发展中仍然蕴藏着许多的可能性，这种可能性来源于绘画本身的生生不息和不可替代的魅力。我选择了较为传统的学院派绘画，毕竟学院给予我认知事物的基本能力和艺术语言的表现。我一直对传统写实绘画情有独钟，在造型上一直研习传统造型规律。我很推崇较为严谨的造型方式，理性的造型往往能够更有穿透力，会让对象的认识更加明细。以写实的方式解读对象较为直接，也能在更广范围内与观者搭建沟通的桥梁。绘画最终表达的仍是化解艺术家对于艺术和人生的困顿。因此，方式不是目的，重要的是运用的方式能否被阅读、被认知、被理解。

我认为绘画的写实性与写实性绘画不可混为一谈。写实性绘画通常是指绘画面貌，以此来界定与其他表现方式的区别。而绘画的写实性是指画面表现方式特性的一种，它可以包含的因素有很多种，内涵更广。它可以运用表现甚至是抽象的方式输出绘画情感，也可以借用颇具设计感的形式语言来增强画面的形式感，突出画面的结构性。在创作中，我喜欢能从不同的表现方式中抽取一些元素注入画面，不断并构新的思维方式，丰富视觉体验，使绘画始终保持新鲜感。这样有效地改善绘画的写实性，使画面的视觉感受更有层次，又为写实性绘画的发展注入更多的可能性。

我选择青春系列作为切入点，源于我一直相信现实生活是艺术创作的源泉和动力。人是社会性的动物，需要理性思考才能对现象进行准确的判断，对现实表皮进行抽离才能更接近“真实”。绘画所承载的绝不仅是绘画形式本身，作品背后隐藏的内容才能决定绘画行为是否有意义。自绘画发生之始，人在精神层面的信仰和不断追求就造就了绘画的不断发展，绘画的演变过程在某个角度上说也是人对精神层面的理解不断深化的过程。我的绘画也是如此，希望能从个体出发挖掘出更为广泛和深远的精神共性。因此，了解人，解读人与社会的关系就成为这一题材所要诠释的意义，也正是这个题材的价值所在。

杨洋 雨季 175×195 布面油画 2010

杨洋 香水百合 195×120 布面油画 2011

生活中的轻与重

——油画《魅族》点评

文/刘伟冬

“魅族”概念有些歧义。“魅”的汉字意思有两种不同解释：其一是魅力之魅，比喻很能吸引人的力量；其二是鬼魅之魅，传说中的鬼怪。落实在本作品中，因为表现的是年轻女子形象，充满青春的活力与容貌的美丽，我理解应该是属于前者吧。然而，后缀一“族”字，既有同类一群之意，也难免沾点“鬼”

气。小说中就有“魅族”的虚构，说“魅族”是苍茫九州世界的六大种族之一。因为是虚无中凝聚而来，非种族没有血缘，不能繁衍无传承。它进一步解释说，“魅族”认为自己是大地的灵气所在，凝聚只是为了体验感觉和认识世界。我由油画《魅族》联想小说对“魅族”的杜撰，近于机械，不过它对我们理解画意或许有所启示。

作品《魅族》是对当代青年生活状态的表现。一位极度放松中的青春女子，或许是生活的劳累，抑或是百无聊赖，半躺着，几许疲惫，扭转着头，视线被画外某种动静所吸引。但神情中依然懒散，仿佛漠视着，又有些无助与无奈，充满迷惘与焦虑。人物动态平常而单纯，内心活动耐人寻味，也许只能用一个特殊的“魅”字方可表达。

作者在创作感言中认为，现实中的人是社会作用于人类的媒介，他置身社会之中，接受、回馈社会给予的各种信息，人的精神状态是社会信息作用于人的内在反映。我将这一观点演绎为：复杂的现实，是由生物态的人、抽象的社会与社会化的人共同构成。这位躺着的女子，本是一位极普通的生物态的人，张三李四没有分辨，生活中司

杨洋 文菁 168×168 布面油画 2013

杨洋 米兰地铁NO. 9 180×135 布面油画 2013

空见惯，其状态表征出的内心情绪则是社会化的人。社会化的人是社会信息反复作用与回馈后的变体，我们见不到她孩提时的单纯与无忧无虑，我们也可以想象她年老时的木讷。为了对社会现实的认识与集中表现，选择处于青春时段的人，正是为了更清晰地见到社会留在他们身上的印记，因为这个年龄最敏感。作者说：“当下的各种意识形态通过社会表层渗透到人的精神内部，在时尚、潮流的外表下，在承受社会带来的种种精神压力的过程中，使人无法掩饰内心的无奈与迷惘。”这是一种共识。“困惑、恐惧、欢喜、悲伤都已不再是纯粹本能的情感行为，却变成了掺杂着多重附加条件的社会行为，此时，人物的内心就变得更加复杂，难以解读，很难从表象去分析内在的实质。”这一表述极见深度！正是有过这样的思考，艺术家才会在平常的视觉形象中，通过呈现人物表情所包含的内心复杂状态，以触发观众对现实社会与生活的认同。

画面中的艺术表现紧紧围绕主题而展开。深褐色的调子有些沉重，迫压着我们的思考不能太过于轻松而忽略画面情节所要表达的气氛；灰暗的光线加强了人物表情的冷漠，也与周遭的环境相协调；几乎不设“道具”的场景，为的是懒散般衬托出人物的状态。人物的着装、修饰更是普通与简单极了，就像是生活中的一个原型，以实现描述的真实性。

我忽然想起被无数人引用过的罗丹一句话：“生活中不是缺少美，而是缺少发现美的眼睛！”如果说美的表述太概念，那么发现寻常生活中不寻常的意味，是艺术家的匠心所在。这幅作品正是在我们司空见惯的寻常生活中，发现了值得思考的社会问题。一个极平常的画面，因为一种内在的预设，也就有了人们所期待的深刻。

另一方面，这幅作品看似寻常的画面又并非是对生活的简单描摹，而是对寻常的一种主观“塑造”，体现了作品的独特创造魅力。或许是生活中某个瞬间感染了画家，触发了艺术家的创作灵感，但如何基于这一“素材”进行深度思考，再还原一个看上去就是“这个样”的真实，并让这一真实包含艺术家企图诠释的主题，不是一件容易的事。它需要深厚的生活积淀，需要对艺术规律的熟练把握，同时还需具备驾驭媒材的综合能力。《魅族》正是借助于艺术家高超的写实技巧，以再现的方式，还原一个生活的真实，作品进而以高于自然的艺术化手法，创造了艺术家所预设的一种景象，以引起观者共同思考。

由此，《魅族》的成功是基于一个真实的表达而隐含一种精神的感染，以实现视觉文化的社会责任。

杨洋 G小调 125×125 布面油画 2015

杨洋 皇城根 180×135 布面油画 2014

杨洋 迷墙NO. 1 146×195 布面油画 2014

杨洋简历

杨洋，1982年出生，安徽亳州人，2000年考入西安美术学院，2004年毕业留校任教，2010年西安美院硕士研究生毕业，现任西安美院造型艺术部素描教研室主任，2012巴黎美院访问学者。

参展及获奖：

2015　《昨日阳光灿烂》第五届全国青年美展（中国美术家协会）；《迷墙NO.4》最绘画·中国青年油画作品展（中国油画学会）；《迷墙NO.1》江南如画·中国油画作品展（中国油画学会）

2014　《皇城根》可见之诗·中国油画风景展（中国油画学会）；《有风的日子》第十二届全国美术作品展（中国美协）；《文菁》中国梦·塑造中国新形象美术作品展（中国美协）；《迷墙》雅昌保利新势力全国优秀作品展（国家画院展览中心）；《八角街的男人》写意·中国当代青年油画写生邀请展（美术报艺术节）；《探戈》系列学院力量·新锐艺术家推荐展（浙江杭州）

2013　《姐妹儿》第二届中青年油画展（中国美协）；《欣瑶肖像》绘画的品格·2013中国油画展（中国油画学会）

2012　《画室风景》可见之诗·第二届中国油画写生展（中国油画学会）

2011　《雨季2》艺术家眼中的当代中国·中国油画艺术展并获佳作奖（中国国家画院）；《姐们》写意西部第二届陕

西油画邀请展（陕西美协）；《青春和弦》陕西省纪念中国共产党建党90周年美展并获优秀奖（陕西美协）；《黑海棠》中国第四届青年美展并获优秀奖（中国美协）；《青春和旋NO.2》中国中青年艺术家推荐展并获优秀奖；《室内》中国中青年艺术家推荐展

2010　《青春日记》陕西省美展并荣获油画组二等奖和陕西美术突出贡献奖；《三月桃花开》油画艺术与当代社会・中国油画展（中国油画学会）；《魅族》现实•超越——2010中国百家金陵画展并获金奖（中国美协）；《雨季》《室内》时代杯・青年写实艺术大展并获优秀奖

2009　《青春日记》全国第十一届美展（湖北省美术馆　中国美协）

2008　《玩CS的小宝》第三届全国师生作品展；《金色年华》全国青年美术家提名展并获优秀奖（文化部）；《门》陕西省庆祝改革开放三十周年美术作品展并获油画组铜奖（陕西美协）；《褪色的年华》全国首届艺术硕士美术作品展

2007　《肖像习作》精神与品格・全国油画肖像展（中国美协）

2004　《朋友》陕西省庆祝新中国成立50周年美术作品展并获铜奖（陕西美协）

杨洋 紫雾 120×120 布面油画 2011

杨洋 独坐 110×58 布面油画

杨洋 迷墙NO.3 195×146 布面油画 2014

杨洋 迷墙NO. 2 195×146 布面油画 2014

杨洋 探戈NO.4 180×120 布面油画 2012

杨泽 探戈NO.7 180×120 布面油画 2012

杨洋 米兰地铁NO.4 180×135 布面油画 2013

杨洋 米兰地铁NO.2 180×135 布面油画 2013

中国名家·程克

大自然的歌者

文/骆根兴

我解读程克的油画，是从第三届全国青年美术作品展览油画评选现场开始的。其中有一幅风景油画吸引了我的目光，画面表现的是黄土高原的一个局部。沉甸甸、厚重和舒缓的笔触，近于黄灰的单纯色调，画风自然质朴。这幅油画在国内青年画家普遍追求油画当代技和艺的表现的环境中，反而显现出了作者对朴素艺术格调的追求并表现出的艺术感染力。在此我并非说明程克身在艺术潮流之外。回顾以往历代油画大家创作的非常质朴的艺术作品，无不具有绵长持久的艺术感染

程克 写生作品之十二 80×60 布面油画 2014

力量。面对着夏尔丹笔下的家庭器物，米勒表现农村劳作的人物，柯罗绘制的乡村风景，都使我们情不自禁地产生无尽的遐思、回味和美的享受。

后来我认识了这幅油画风景的作者程克。最近又看到了他创作和写生的风景油画，其画风依然朴素中和。但是色彩开始丰富起来，又多用调色刀塑造形体，更增添了画面的力量美感和气韵的表现趣味，由此也更为深入了解了他的艺术观念和追求。

程克定居于当代艺术气氛很浓的北京宋庄，在这里观念多元，艺术样式繁茂，但他始终坚定自己的艺术追求，坚守属于自己的(适合自己的)艺术品质，这是需要思想定力的。在当中有两点是让我心仪和赞赏的：一、是他在艺术表现上的真实状态。我认为，这种状态下的表现不是对自然物象的一般性的技法层面的表述，而是在对自然的观照中，引发了他的人生风雨苍茫的心

程克 岁月 180×160 布面油画 2014

程克 写生作品 60×80 布面油画 2015
程克 写生作品之十八 60×80 布面油画 2015

灵而欲罢不能强烈表达的状态的真实，这就具有了精神的力量。正如程克坦言：“抓一把泥土，踏一踏荒原，那种开阔雄浑的视野，朴实自然的气象，总能让我心情振奋。”只有进入到这样的情境中，在表达平凡朴素的自然物象时，笔触和色彩才凸显了生命的律动，才更美、更有艺术感染力。二、是他对当代中国油画探索民族特色之路的认识自觉。西方的油画从进入中国的那天起，就已开始了不断深化民族气质表达的艺术路程。今天，希冀走出一条中国特色的油画之路已成为中国油画界的普遍共识。我欣喜地看到，程克已经开始深入到中国传统笔墨的节奏韵律当中，体悟着“柔和与诙谐，韵味和意境”的快感，多了艺术探索的自信。对此，我看好程克的艺术选择和努力，对他不断进步的油画艺术充满着期待。

这方泥土情

文/程克

童年是苦涩的、童年是甜蜜的、童年是难忘的、60年代出生、北方的农村、贫瘠的土地、无际的大山、勤劳朴实的父辈……

有人说艺术需要天赋和生活。记得小时候，不知为什么就对画呀涂呀感兴趣。每当面对自己费了九牛二虎之力描下来的作品心里总有一种说不出来的成就感。《红灯记》《地道战》《白毛女》……都是我画的题材，木棍墙面变成了免费的笔和纸。那个时候不知道画画还能考大学，更联想不到和自己的前途有什么关系。

年复一年，不管经历了多少风吹雨打，我在这条路上依然走着，不觉得累，不觉得苦。我的画也由木棍变成了精致的油画笔，还在全国美展中入选、获奖，但是，我画的题材依然离不开家乡的大山和那一片能让人闻到泥土气息的

黄土，那一脉能让人看到的岁月痕迹的山峦，那一群悠悠吃草的小白羊，那一丛丛被风雨烈日风干的灌木，还有那行走在田地阡陌的农人、这就是生活的缘故吧。

正是这种朴素的情节，这种执着的守望、激励、鼓舞、鞭策着自己一次次的战胜和超越自我，在这片别人认为也许是贫瘠的泥土，也许是凄凉的荒原上，一步步的走向自己的心路。这是一种艰难的跋涉，跋涉中寄予了无限的渴望，这是一种追求，追求中寄予了无限的向往；这是一种锻造，一种历练，我愿在这种锻造与历练中痴痴握住心灵的航标，永不迷失方向。

当你住惯了高楼大厦，习惯了城市的喧嚣与柏油路的烤灼，当你厌倦了眼前的灯红酒绿和空旷别墅里满处人为的雕琢与刻意的粉饰，再去抓一把泥土，再去踏一踏荒原；再去做一次大地母亲襁褓中的婴儿。那种开阔雄浑的视野，朴实自然的气象恰恰击中了当代都市人疲惫的心，以至于对这

程克 印象李家山 160×180 布面油画 2014

程克 老井 200×140 布面油画 2015

样的环境，这样的画面心生向往，即使不能久居其中，至少看一眼也能让人荡涤心胸，平静心神。谁曾体会过扎根土地的踏实，谁曾感受过放歌高原的畅快，谁有曾体验过游走西北山川的静谧，这是一种多么惬意，多么令人振奋的心灵的洗涤与回归，这难道不是你盼望已久的吗？

技法固然重要，但我们不能唯技法论绘画。画道莫重小技，小技要成大道，少不了形而上的意象世界的支持和关怀，根深才会叶茂，源远才会流长，古往今来，没有哪一个艺术大家是光凭技巧而载入史册的。古人所言的以人格入大画境，功夫在画外，说的就是要与社会接近，多于自然接近，多于哲学接近，多听天籁之音，多读无字之书，感悟了人生宇宙之道，就会有自己的思想，自己的眼观，下笔才能形成自己独特的风格。

油画是外来画种，我认为民族的才是世界的，每个画家都有自己的创作理念与审美观点。正因为如此，世界才变得多姿多彩，绘画才成为艺术，而不是2+2=4的科学。面对西方现代绘画和中国的传统，我不敢妄言，只能说我在做我想做的，忠诚于自己的心灵。

一方水土一方人，一个地域一种文化。中国人有自己的审美习惯。中国文化博大精深，中国画讲究皴、擦、点、染、意象与抽象、似与非似——在色彩上，中国红、矿物质绿、古朴稳重、中庸和谐……油画与中国传统绘画如何恰到好处地结合，我为之不懈努力。

程克 永恒丰碑 170×210 布面油画

程克 写生作品之六 60×80 布面油画 2015
程克 写生作品之四 60×80 布面油画 2015

程克 边关长城 120×160 布面油画

程克简历

程克，中国美术家协会会员，国家一级美术师。

主要展览及艺术活动

2015 《山里人家》2015全国油画作品展优秀作品奖（最高奖 吴冠中艺术馆），并被组委会收藏（中国美协）；《燕山印象》第二届朝圣敦煌全国美术作品展优秀作品奖（最高奖）并被组委会收藏（中国美协）；《古老的传说》第九届中国西部大地情中国画、油画作品展（中国美协）。

2014 《暖春》第三届全国少数民族美术作品展优秀作品奖（中国美协）；《老区人家》第十二届全国美展"中国梦•强军梦"美术作品展（中国美术馆）；《那年那月》第八届中国西部大地情美术作品展并被军博收藏（军博）。

2013 《三十里铺》首届河北省美展铜奖（河北省美术馆）。

2012 《小村旧事》中国百家金陵油画展（江苏省美术馆）；《黄土的召唤》第七届中国西部大地情•中国画油画作品展并被收藏（新疆国际会展中心）；《村口》可见之诗•第二届中国油画写生展并被国子监美术馆收藏（中国美术馆）；《净土》首届中国美术家协会会员油画版画精品展优秀作品奖并被组委会收藏（广东美林美术馆）；《听老辈说》庆祝中国人民解放军建军85周年全国美术作品展。（中国美术馆）。

2011 《听老辈说》中国共产党成立九十周年全国美术作品展（中国美术馆）。

2010 《记忆永恒》第二届全国小幅油画展(中国美术馆)。

2009 《厚土》第十一届全国美展(湖北省艺术馆 中国美术馆)。

2008 《召唤未来》第三届全国青年美展(中国美术馆);《阳光总在风雨后》第二届时代精神·全国油画作品展并被收藏(凯晟美术馆)。

2007 《东方既白》庆祝中国人民解放军建军八十周年全国美展(中国美术馆);《旷野驼铃》第四届中国西部大地情·中国画油画作品展并被收藏(西安亮宝楼美术馆);《东方既白》翰墨丹心·向十七大献礼全国美术书法精品展(中国人民革命军事博物馆)。

2010-15 连续6年应邀参加北京意象·大型美术创作工程美术作品展。作品被永久收藏(中国美术馆)

程克 老区人家 180×220 布面油画

程克 写生作品之二 60×80 布面油画

程克 长城记忆 150×180 布面油画

程克 远方的家 60×100 布面油画 2014
程克 静土 160×180 布面油画

程克 写生作品之二十 70×70 布面油画 2014
程克 远去的黄河 180×160 布面油画 2015

程克 陕北写生 60×80 布面油画 2015
程克 那年那月 120×150 布面油画 2012

程克 山里人家 150×150 布面油画
程克 三十里铺 180×160 布面油画

程克 古老的传说 200×170 布面油画

程克 写生作品之十四 60×80 布面油画 2015
程克 写生作品之三 60×80 布面油画 2015
程克 写生作品 60×80 布面油画 2015

程克 老屋 60×80 布面油画 2014
程克 密云村落 120×160 布面油画 2015

程克 城市风光 150×150 布面油画
程克 谁家春燕把屋还 180×160 布面油画 2012

程克 惜日雄关 200×140 布面油画 2012

程克 写生作品之二十三 60×80 布面油画 2015
程克 写生作品九 60×80 布面油画 2015
程克 写生作品之七 60×80 布面油画 2015

程克 陕北老家 120×150 布面油画
程克 老院 120×150 布面油画

程克 写生作品之十九 70×70 布面油画
程克 汉韵 150×120 布面油画 2015

程克 写生作品之十三 60×80 布面油画 2015
程克 宁静山村 120×150 布面油画 2014

程克 写生作品之十一 60×80 布面油画
程克 写生作品之十 60×80 布面油画
程克 写生作品之十五 60×80 布面油画 2015

中国名家 · 黄镇南

“真实”与“虚构”

——感悟写实绘画艺术

文/黄镇南

我学习西方写实绘画已有一些年头了，之所以用“真实”与“虚构”这样的命题展开自述，因为从我个人管见理解写实绘画，它是再现“真实”的绘画，从本质上讲其实是“真实的谎言”的图画。纵观美术史，人类自文明之初就开始用绘画表达思想、抒发情感。牙牙学语的孩子从握起笔的那一刻开始，他们就会通过涂鸦反映情绪。因此，我们可以断言绘画是人与生俱来的天性。随着人类生命的繁衍、地域环境的变迁、生产力的提高、人文的进步。人类赋予绘画新的内容，绘画在精神层面、观念追求及表达方式上都发生了巨大变革，因此，不同的民族传统对

黄镇南 老街 50×40 布面油画 2015

绘画再现“真实”的探索是不尽相同的。

我与许多美术爱好者一样，踏上了绘画艺术这条通向理想彼岸之舟。今天回想起来，让我感悟最深的就是那句老话：“艺海无涯”，绘画艺术道路上是没有彼岸可言的。懂得欣赏绘画艺术的人是世上最充实、精神最富有的人，而艺术家则是经历了风雨之后不一定能看到彩虹的人，他们能到达理想彼岸的是寥寥无几。大多数画家都像“唐吉可德”一样在精神王国里做自我的国王而愉快的生活老去；而另一些自认为已是成功者的画家们则每天忙碌着做手艺活；还有一些喜欢绘画的人，他们像画家一样分享绘画的愉悦，审视着叱咤风云的艺术春秋变换。在这样的现实面前，成千上万的艺术追随者却依然乐此不疲地投身到绘画艺术创作中，忍饥受苦地

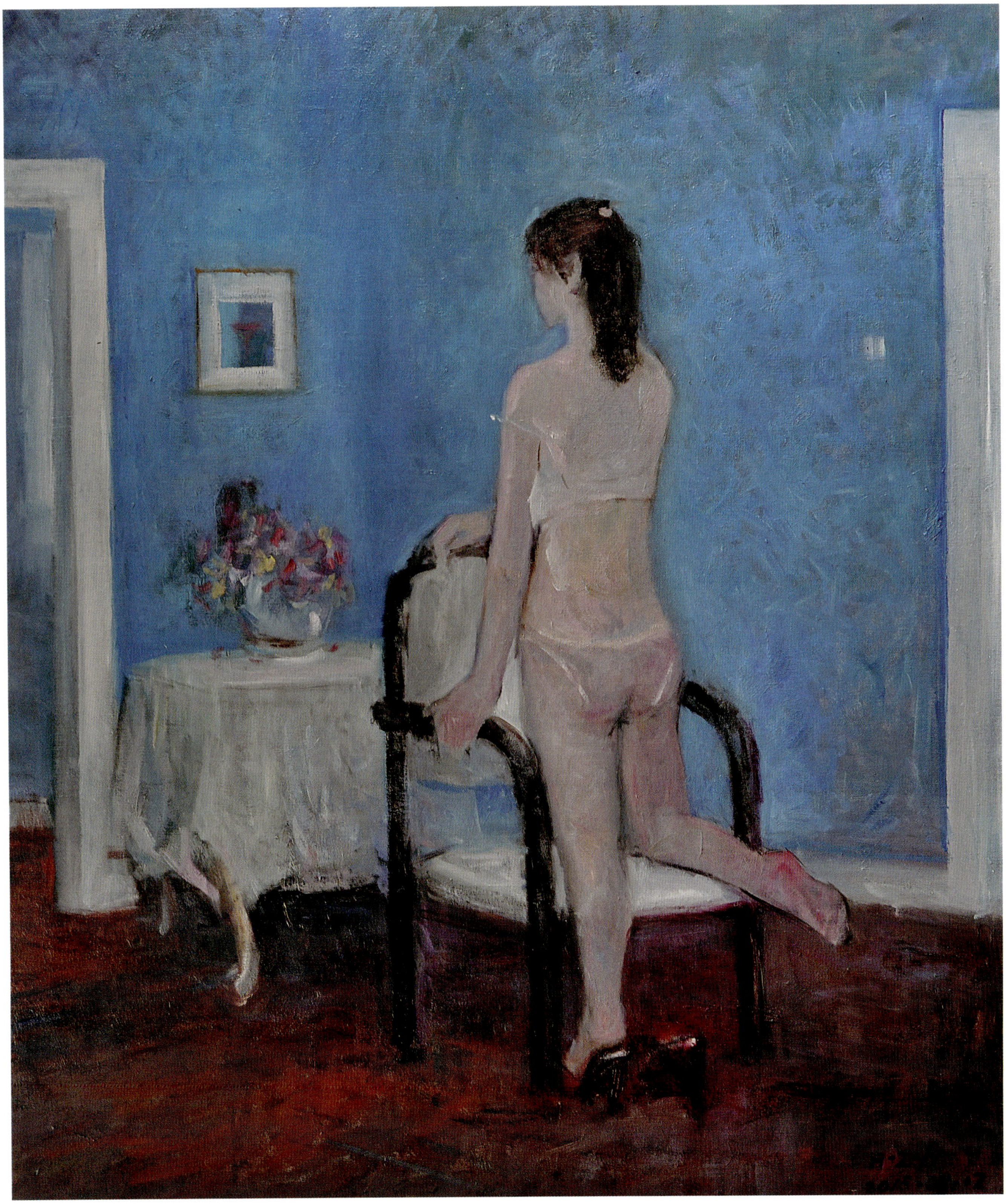

追寻自我心中的梦想。这充分表明绘画艺术的诱惑、无穷魅力。绘画属于“艺术”范畴，这是一个多么高尚优雅的语词。“艺术”是如此的让人不可触摸，但却真实的存在现实中。理论家、史学家也都无法确切地断言“艺术是什么？”。因此，“艺术”之谜就在于当你明白“艺术”原来是这么一回事的时候，艺术也就不那么艺术了。绘画也是如此，当你看懂其绘画的意味时，那你就有品位了。每个人对作品的优劣有不同的感知，当你有了更高的鉴赏能力之后，会发现以前的认知很浅显。绘画艺术不断的花样翻新，一些艺术作品今天看起来很艺术，但而后又觉得不那么艺术了。而有些过去认为不起眼的东西，今天又被看作很“艺术”。因此，我认为可以把“艺术”理解为一种“顿悟”。尽管“艺术”门类不同，但他们同样都有各自独立的价值评判标准，“艺术”拥有一种恒久不变的艺术美，那就被公认为是“经典艺术”。依据我本人对绘画艺术的理解，它可以用一个不恰当的例子来说明问题，“绘画艺术”就像金匠的劳作，当他决定制作一件项链时，就已构思好它将用什么样的形态呈现于世，这就是艺术的过程。它在制作的过程中更依赖匠人的手艺，艺术的奇思妙想与匠人的技艺都是好的艺术品应具备的特质。

黄镇南 蓝色壁纸 120×100 布面油画 2015

黄镇南 片刻的宁静 布面油画 2014

我是一个生长在省城的孩子。回想起童年的绘画经历，让人回味。那是全国江山一片红的"文革"年代，学校停课闹革命。我当红卫兵年龄太小，呆在家中无事可做。因此，我就到大街、广场上看叔叔、伯伯在高达十余层的脚手架上画巨幅领袖画像，一幅巨大油画十天半月就完工了。我站在面貌一新的巨幅毛主席像前，我深深地对画像师傅感到敬佩。我每天都去看，这让我学会了用九宫格画画。你只要有耐心，画出来的形象与临本十分相似，那种成就感油然而生。我迷恋上了画画，决定为"艺术"而献身。之后，我在中学美术老师的启蒙下学习写生，并从中结识了许多志同道合的小伙伴。我在"阳光灿烂的日子里"度过了美好的少年时光。高中糊涂毕业之后，我因父亲的早逝，家境困难被照顾到一家工厂做起了学徒工。绘画成了我空闲时光最好的伴侣。我漫无目的地画自己喜欢画的所有东西。这样的状况让我精神充实、愉悦。几年后，随着"文革"的结束，画画也能入大学深造，犹如天使降临。我十分幸运地在恢复高考的第一年就被安徽师大美术系录取。大学四年，我收获最大的方面是遇到了许多高水平的同学，让我懂得了画画也是有竞争的。我的学业成绩中等偏上，毕业后被分配到安徽无为县师范做美术教师。因为教学的需要，我不得不同时讲授西画和中国画两门课程。这迫使我边教边学，特别是一些中国画的理论与实践知识。中国画的“意象”传统，当时对我来说还是个前瞻性问题。许多年之后，我才知道东西方文化存在差异。中国油画的发展并不是一味地模仿西方，而需要融合本民族优秀的文化精髓。齐白石关于绘画在“似与不似之间，太似媚俗，不似欺世”的理论，它成为我的绘画导向。

上世纪80年代末，《中国教育报》登出一则关于浙江师范大学美术系招聘专业教师的消息，仅有的一个名额幸运地降临在我身上，它提升了我的专业教师层次，让我成为高校美术专业教师。在大学美术教学中，深知自己专业技能与美术专业院校的水平有差距。因此，在几十年专业实践教学中，我始终与学生一起在课堂上画写生。但对绘画的领悟依然是：在面对客观对象时只知道表象摹写，此外，在主题绘画创作实践中对构图法则及现实主

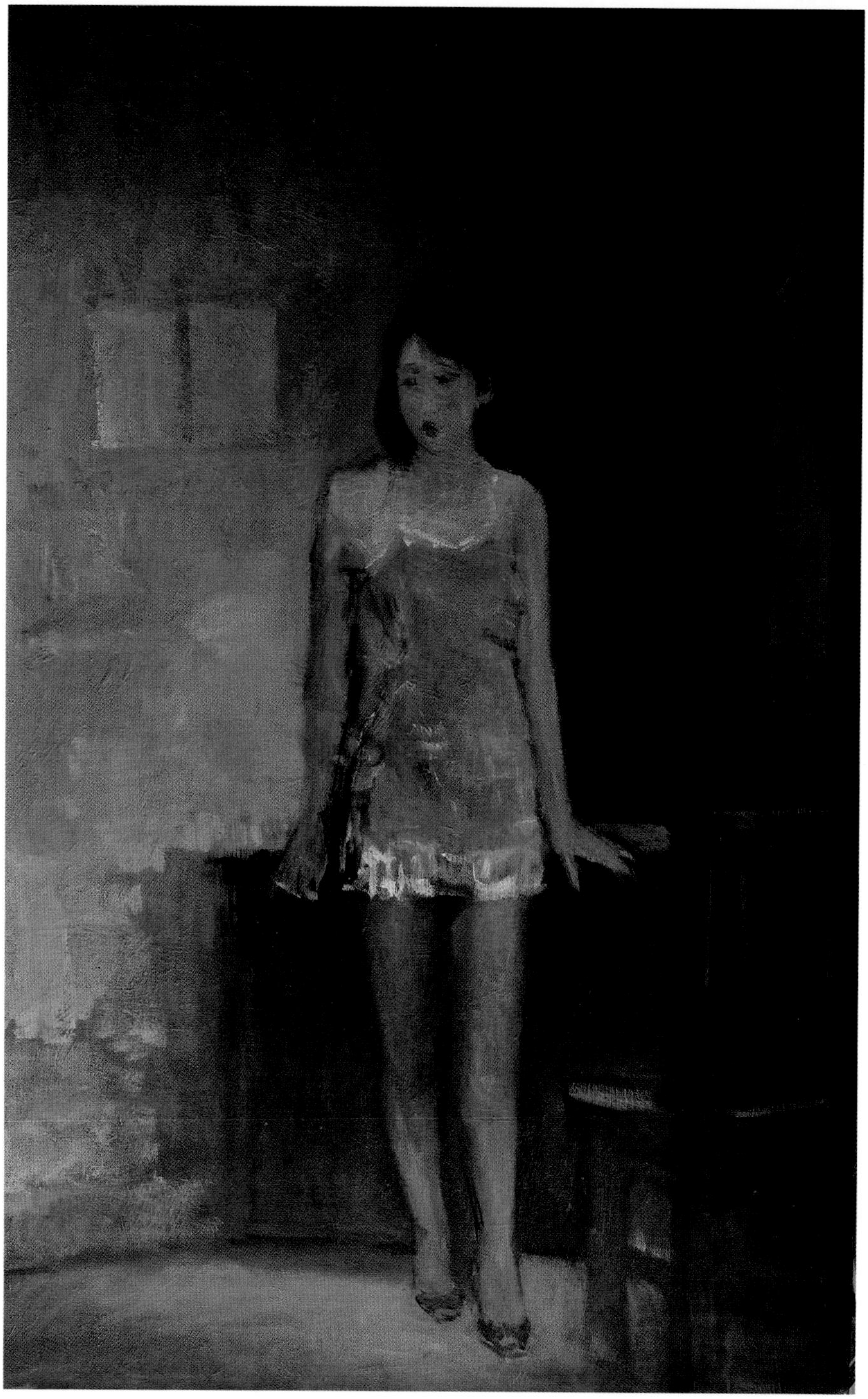

黄镇南 梦行者 170×170 布面油画 2014

黄镇南 白光 90×70 布面油画 2015

义常识有了一定认知。长期以来，写实绘画的意义是什么？对这一问题，我一直很迷惘。2002年幸运再次降临于我。我被国家留学基金委公派去俄罗斯莫斯科国立苏里科夫美术学院留学。在国外的学习中，我对博物馆中的欧洲绘画大师的作品潜心地研习，才逐渐明白学习传统油画的意义。古典大师们在二维平面中用黑白明暗为主的绘画手法，用有限的颜料绘出了有光的、立体的三维空间，人物、静物和风景画作品中形象栩栩如生。在深褐色的背景中，画家创造出自然有序的绘画法则，细致入微的质感描绘。虽然，在今天的观众看来，古典画与“酱油色”是分不开的。但我们用心去想一下那个时代的画家，他们用自己研磨的颜料和媒介画出如此精美的艺术品，这本身已经是奇迹了。那些画作中的宗教人物都是画家虚构出来的，它们是那么“真实”地显现在画面上。工业革命后的合成颜料，才真正为画家自由创作自然美景提供了必要条件。画家眼中的自然，变换为画布上色彩斑斓的画卷。西方画家似乎已能把自然中的一切都画出来，他们把19世纪欧洲的写实绘画推上了顶峰。勒巴热的自然主义、库尔贝的现实主义、布格罗的唯美理想主义等等绘画风格。这些表明写实绘画方式各有千秋，它们都是画家对客观自然各不相同的阐释。他们在自我审美艺术观的指导下，认为写实并不是抄袭客观自然，而是画家“虚构”的错觉图画。他们为世人留下了丰厚的艺术遗产。通过对大师们作品的专研，让我慢慢懂得写实是自我内心对自然理解的“真实”再现，它是虚构的真实。而不是自然表象描摹所能达到的境界。质感是写实绘画描绘客观物质属性的重要手法，但绘画的本质依然是艺术家心中的主观意象。尤其是在摄影术不断革新的今天，写实的意义更多的是在绘画中体现绘画艺术成分。当然，许多画家在照相机诞生之日起就利用照片绘制作品。但它永远不能替代画家面对自然写生的艺

黄镇南 草地 120×100 布面油画 2013

黄镇南 梦乡 60×50 布面油画 2012

术感受。只有通过写生才能产生灵感，历练出对自然形态的概括力，通过对现实生活的感悟才能让写实绘画更具有深刻的内涵。写实绘画作品的鲜活性也只能是源于对自然的观察和发现，才能创造出“艺术的自然”。

要想画出好画，没有技术是不行的。（观念艺术另当别论）每个写实画家都经历过，画出来的画言不达意这种苦恼事。自2005年留学回国，可以说是在一种慎独的自我意识下，感悟绘画的十年，事实上在国外已意识到绘画的本质是画家自我内心世界的写照。但回国后我的创作状况依然没有起色。艺术创作仅仅有激情是远远办不成事的，写实绘画是一门需要技术的工作。也正是因为好的技术，写实绘画才倍受到大众欢迎。写实是绘画能力的体现，画家把天方夜谭的故事描绘出来，不仅依靠想象更依赖技术。十年来，我像痴人说梦一样画着自己也看不明白的东西，真所谓“山不是山，水不是水。”我整天在画布上反复折腾，那心情难以言表。曾今有位先生安慰我说：“好画是改出来的”。而事实上我的体会是：只有把貌似像“画”的东西改得不像“画”，才能有所长进。每天我都在不满意的旧画上反复涂改。一张画布要么刮破，要么吸油吸色，灰暗的画布就像本人的心情一样，我经常自己安慰自己，画画本来就是消遣。这样心灰意冷的“消遣”是许多画家都不愿经历的，我每天重复做的事是控制画面变色，材料的透明与不透明、厚薄等等，只有在对材料常识掌握基础上才慢慢学会表达自然。我喜爱的画家有：美国画家沙金特，他的肖像作品淋漓尽致地在画上传达出对人物的概括能力，再现出艺术美。让人痴迷的是他对人物肖像的感悟力，这是传统的延伸，是黑与白的力量。除技法之外，我还喜爱美国画家罗伯特.维克力和怀斯的蛋彩画。他们的作品在形式与内容上有许多让人遐想的空间。此外，我还欣赏西班牙画家加西亚.勒佩斯的作品，他所描绘的东西是如此的让人感到熟悉而陌生；那是对我们熟视无睹的环境的奇妙发现，不如说是画家用他独特的心灵之眼、内心的独白、对生活的洗涤与灵魂的净化。

写实绘画作品在艺术处理上，有许多让我们感到机缘巧合的处理方式，这与戏剧的表达手法有许多异曲同工之处，在戏剧中注重的是“戏剧性”的艺术处理。绘画则重在“整体性”的艺术处理，这些仅仅是形式而已。它们从总体上讲共同的目的是让公众产生共鸣，留下反响和回味。沙金特的画让我看到绘画的手法之美，勒佩斯作品给我的印象是空灵和无限柔情婉约的怀旧。

传统写实绘画的另一重要属性是立体感，即在二维平面上塑造三维的空间。这种空间意识的表达需要画家慢慢领悟。十年来，我把人物作为母题练习。让人物在空间中作不同的动态变化，从视距、视点、仰视、俯视做反复的默写探索。向大师学习，如：米开朗基罗的天顶绘画给我启迪，写生时注意模特结构变化。对绘画基本构成“音符”——点、线、面、黑白层次、色彩对比与协调、画面节奏韵律等认真体会。学着在不用照片的参考下创作，使作品慢慢生动起来。齐白石画“虾”也给过我启发，他那只“河虾”、“海虾”的综合体创造，它骗过了无数公众的眼球。他可以用这只“虾”不断地变换组合，派生出不同构图的画面。每个画家都有各自的特色表达方式，这也许就是绘画艺术“风格”。“风格”在当代显然是层出不穷，然而好的绘画作品都有一个显著特征，那就是呈现在公众面前的作品，看上去是那样不动声色地却

黄镇南 山涧 90×120 布面油画 2015

黄镇南 丰收时节 110×70 布面油画 2014

让人寻味。这样的作品往往比那些即兴的涂鸦，更具有震撼力，它让人驻足遐想，这是优秀写实绘画独有的品格。这样的作品也许创作过程要很久，画家会在创作中融入他的某种像“蒙娜丽莎”微笑那样潜在的东西，通过他的作品，能感受到这种深藏在作品中的作者内心世界和一种艺术“情结”。

写实的意义，它不是主题画什么，也不是无主题地画什么。而是如何在作品中体现出隐藏在当代人心灵深处的世界。或许是一种源于生存的环境压抑情感，在绘画中得到升华。换言之，人作为高灵长类动物具有的情感，在光鲜的外表下隐藏自我，在欲望的驱使下的潜意识。在绘画中隐喻的东西，这一点也像魔术师一样，它只能让你更多地享受魔术神奇魅力而绝不愿轻易揭开谜底。这些作品或许是被称为“有意味”的画作。我尝试创作了如：《最后的探戈》在暴风雨来临的沙滩上三个神一样的男女摆出优美的舞姿，《扮演亚当和夏娃的模特》这些在生活中不可能的场景用写实绘画的手法实现了。另外，还有一些荒诞的画作如：《楼梯》、《有戏》等，希望传达出一种表面写实内容非写实的信息。艺术在某种程度上讲是“真实”的谎言，在写实绘画中传达一种虚构的情景，真相只有一个，生活中所看到的东西并不要太相信自己的眼睛，而是要用心脑去思考，用艺术的眼睛去看有意味的艺术品，绘画在“真实”与“虚构”的艺术处理上是作品成败的关键，一些绘画的造型及造势都是不错的画，缺的是内在的灵魂。写实油画的创作要像中国的“茶”文化一样，只有用时间去慢慢品味它才能知其味。通过艺术找回我们失落的心灵，回到纯真的艺术精神世界中去。写实绘画应体现中国传统文化之精髓，做到“大音希声，大道无形”的境界，有人说：中国油画发展之路是建构在对西方油画传统误读基础上，我认为西方油画传统是座金山，我们只发现了很少部分，通过不断挖掘才能构建属于自己的美学法则，创造出新的空间和结构体系。

黄镇南 绿野 60×50 布面油画 2015

黄镇南 楼梯间 100×80 布面油画 2014

黄镇南简历

黄镇南，男，广东汕头人。浙江师范大学美术学院教授，硕士研究生导师；中国油画学会会员；浙江省美术家协会会员；浙江省油画家协会会员。"新写实油画"工作室主持人，本科学士学位。广州美术学院研究生油画课程结业。国家公派俄罗斯莫斯科苏里科夫美术学院留学生，导师为全俄美术科学院主席T. 萨拉霍夫。油画作品多件选入国内外美术展览，学术论文多篇在国家级期刊发表，专著两部。

主要成果：

专著《自然·悟象—写实绘画研究》安徽美术出版社（2015）；专著《黄正南油画集》国际文化出版公司出版(2000)；《中国戏曲印象》中国梦·南非情书画作品展(南非斯坦陵布什大学　2015)；《苹果只是传说》融合·拓展—浙江省油画作品展（2015）；《困》《新娘》《布达佩斯之春》《人体习作》《演戏和看戏》观·省—中国·匈牙利艺术交流作品联展（2015）；《梦行者》九月·人文—浙江省油画作品展（2014）；《夕照》当代文坛（2014）；《发短信》《中国小镇》《私人空间》澄怀•状态—2014中国艺术家作品邀请展（匈牙利　2014），其中《发短信》匈牙利美术大学收藏；《月上枝头》《长征》《追忆古典》文艺争鸣（2007）；《周末》浙江省视域江南油画大展（2013）；《风景》中日国际书画大展并获银奖（日本东京美术馆　2010）；《诗意的黄昏》浙江省油画大展（2009）；《画家与模特》中

黄镇南 小溪 80×100 布面油画 2015

黄镇南 柠檬茶 120×100 布面油画 2014（局部）

韩油画邀请展（2007）；《冷兵器》月映浙潮·浙江省油画大展（2005）《寻梦》“纪念毛泽东同志在延安文艺座谈会上的讲话发表60周年”全国美展（中国美协 2002）；《血浸扬子江》“金陵祭·悼念南京大屠杀30万同胞遇难60周年”全国书画作品展并获佳作金奖，被南京博物馆收藏（1997）；《水果》中国第二届静物油画展（中国美协 1997）；《静物》浙江省教师美展并获大学组二等奖（省教委 1994）；《水果》全国第二届教师优秀作品汇展并获优秀作品奖（1994）《阿贵家》中国油画大展并被日本国千代俱乐部竹内阳一先生收藏（1991）。

H ZN
2014.07.16

黄镇南 等待灵感 120×100 布面油画 2014

黄镇南 梦 30×40 布面油画 2012
黄镇南 瞬间 100×80 布面油画 2014

黄镇南 斜坐的女孩 120×100 布面油画 2015

黄镇南 宅女 60×60 布面油画 2014
黄镇南 戴眼镜的女大学生 100×80 布面油画 2012

黄镇南 悄悄话 100×80 布面油画 2015

黄镇南 客厅里1 100×80 布面油画 2014
黄镇南 红色 80×100 布面油画 2015

黄镇南 私人空间 100×80 布面油画 2015

黄镇南 周末 75×75 布面油画 2013
黄镇南 采荷 100×100 布面油画 2015

黄镇南 小丽 120×80 布面油画 2015

黄镇南 老画室 100×120 布面油画 2015
黄镇南 惬意 100×80 布面油画 2015

黄镇南 等待 100×80 布面油画 2014

黄镇南 姐妹俩 50×60 布面油画 2014
黄镇南 柿子红了 50×40 布面油画 2015

最具升值潜力·陈明华

独行

文/陈明华

同行告诫我说；画画需要慢一点，多思考，尽量做到理性点。这未必是好事，我何尝不想让自己慢慢地享受这作画过程。记得前辈说过：“快是艺术的敌人。”因为，一旦快了就会把许多该思考性的问题给清理掉，这样往往会出现过于简单或流露于表面的油滑，这是致命的。也很矛盾，往往过于理性又陷入了僵化。

我崇尚自然，喜欢在大自然中去寻找千变万化的信息，自然能给我带来无限的生机与联想，生命的也处于瞬息万变之中，哪怕是短暂的，它所呈现的情味也是千差万别的。

陈明华 自由·神手12 100×80 布面油画 2014

我画画没有特定的时间，更没有作画前热身，因为时间段不同，思路和结果也就完全异样了。我喜欢想到哪里画到哪里！我画画的过程没有设计，没有预想的结果，偶尔抽烟的时间就好把整张画弄得面目全非。先生有言：画面尽量能出现别人没有的，不可复制的（当然不只是说到技法），往画里走。这不是哲理但很有用，他会引导自己不断地往心里深处走，有时候想，画画哪能在瞬间完成理性和感性的“切换”呢！艺术没有标准，更多的是与生俱来的悟性或者说是天分。拿来主义很现实，只要修饰表面就可以派上用场。而经验主义也只是做到力所能及的范围，有设计的，理想主义往往要花大量的心思来完成他国度里美丽的图画，我将属于后者，且难以改变。

一幅画的好坏也取决于作者心灵的走向。我把现场的冲动作为第一手材料烙在画布上，回来后有的涂改了无数遍依然未能达到理想，这是一场痛苦的革命，几乎把“他”摔碎又重新让他活过来，最后往往是“遍体鳞伤”。即便如此，我依然乐此不疲，独行在朝圣的路上。

我崇拜的有这样的一位画家，在他的墓志铭刻了这样一句：“安睡在这里的人一生热爱画画”。

陈明华 红船 200×200 布面油画

陈明华 海4 60×80 布面油画 2014
陈明华 自由·神手14 100×80 布面油画 2014

诡秘之帘

——陈明华油画人体作品诠释

文/黄永生

近来油画家陈明华爱猫，看他抱猫的神情状态，似有超然物外的享受，喜欢动物乃人之常情，但将油画创作的激情与猫的本性联系起来，就很难被理解，画家说，从猫的神情想象语言的诡秘，听起来像艺术家的反讽。陈明华认为猫有诡秘的性情，他想尝试以猫的诡秘作为油画表现的语言，具有讽刺性的是画家有意舍弃经过修炼的语言功夫，使自己的想象力处于无所凭借的状态，再从猫的身上获取超越自我的语言想象。猫不具想象力，画家却从不具想象力的猫身上获得想象力，难怪苏格拉底这样说："一个诗人要配得上这个称呼，必须写想象性的主题，而不是描述性的主题。"理解陈明华对猫的感受，这可是进入画家近期作品的关键，欣赏其人体油画作品时，培根式的诡秘气氛弥漫眼前的图像，使我们陷入深深的思索。

诡秘是什么，从字面理解，隐秘而不易捉摸，随着对陈明华油画作品的进一步理解，会发现他倾向这个词的另一个意思，诡秘的"诡"具有"违"的意识，《贾子道术》"诡自然之性"，违背初衷，违背被画物，从而呈现神秘的陌生感。培根用"诡秘"的笔，否定委拉斯凯兹《教皇英诺森十世》的表现方式，这种艺术家的狂妄质疑形成培根式的语言诡秘。

哲学家不与肉体交往，据说柏拉图终身未娶，意在摆脱感性世界的纠缠，以求进入纯粹的理性思考。画家与哲学家不同，画家借助感性的肉体表现建立自己的语言，这种截然相反的选择说明绘画必须借助可视媒介，画家以肉体的感性形成语言的表象，传统油画止于肉体的表现。陈明华新近的人体油画作品并未停留在肉体的表现，激情驱使下的直觉使画家怀疑感性的存在，他不愿停留在感性阶段，而是超出感性的范围。他在画面对已接近完成的人体形象加上一层若隐若现薄薄的颜色，这层若隐若现的颜色看去像挂在门窗的帘，薄薄的画帘掩盖感性的肉体，这样似是而非的表现传达了什么信息？陈明华这批新作与前期作品完全不同，由客观的观察转向主观的思索。陈明华的思索不是理性的哲思，而是激情的力量不满感性的约束，激情爆发的能量冲破僵化的规矩，激情朝逆反的方向爆发。他为什么加帘否定已接近完成的形象？陈明华的造型能力很强，他内心里的激情更强，从这批新作看，内在激情已不满靠造型能力的感性表现，他似乎用画面呼唤什么？或者像卢奥那样，在内心深处看到未知的可能。陈明华回避理性，他

陈明华 海7 80×100 布面油画 2014

陈明华 自由·神手1 100×80 布面油画 2014

对客观事物的看，更多的是直觉，受内心激情驱使的直觉，这种直觉似乎具有灵性，驱使画家顺着语言说不清楚的意识去选择。这段时间，画家的激情受“猫”的启发，带有感性的诡秘，在具体的画面上，可以感受他作画的前后关系，他以扎实的基本功绘制感性的客观存在，继而以诡秘的拖笔覆盖已接近完成的物象，形成若隐若现的一层帘。在常人甚至专业行家看来，他的表现性描绘已很完整，但他不满足这种熟悉的完整，他毅然打破这种唯美的完整，像罗丹砍掉雕像巴尔扎克那双完美的手以求更高的造诣，然后像哲学家卢梭那样发出呼喊，把完整的模型打碎会出现什么样子？陈明华并不发卢梭式的无奈呼喊，而是转向对内心的责问，表面形象的完整不是审美的终点，他听从直觉的驱使，将其无形可感的激情铸造入画面。将激情注入画面，这是视觉绘画难以克服的问题，其实这一问题本身已经颠覆了传统绘画理念。陈明华天生就是激情满怀的画家，他不断探索将激情转化为可视语言的可能性，情绪的不可捉摸性与意象的可视性之间的矛盾，一直让他很纠结，但从不放弃，穷追不舍，由客体的直接表现转向借客体表现内在情绪。画家由向外寻找转入向内体验，是这批人体画作的实验性课题，在整个实验过程中，内

陈明华 自由·神手之二 180×160 布面油画 2014
陈明华 自由·神手18 100×80 布面油画 2014

心情绪的宣泄是其油画的主体，那无影无踪的情绪驱使有形有象的色彩线条狂舞，内心情绪附体在画面的意象上，演绎画家内心情绪的起伏变化形态，静止的骚动，痛苦的挣扎，委婉的呻吟，扭曲的奔放，所有的意象变化揭示画家内心情绪的各个侧面。直觉驱使下的内心情绪，是以否定式的诡秘之帘呈现出来，可以说画家质疑内心的情绪，他不希望画笔停留在内心情绪的表面层面，他要以内心的情绪去探索更为深层的生命存在。为了语言具有探索生命的可能，画家像苏格拉底那样否定生命的表面现象进而肯定生命的价值，如果说画面的感性显现可比生命现象的话，那么，其若隐若现的帘覆盖形象上就意味对生命的否定，否定即质疑，质疑生命的脆弱与短暂，从而肯定源自生命的激情。他不像弗兰西斯·培根作全面的否定，而是局部地否定局部地肯定，似乎进行否定性的对话，或者可以说，画家的

陈明华 自由·神手5 180×160 布面油画 2014

陈明华 自由·神手11 100×100 布面油画 2014
陈明华 自由·神手20 100×80 布面油画 2014

直觉顺意识寻找直觉的踪影。有些画面看不到帘的帷幕，那是一张透明的帘，瞥见朦胧的生命表象，从柔美色调看到被过滤的生命形象。柔美的生命呈现虚幻的意象，加强了语言的诡秘，语言的诡秘就是画家着意打开的通道，画家内心情绪顺通道进入画面，观赏者沿诡秘的路径走进画家的内心，这种否定性的对话在思索的审美上达到统一。透过否定式的诡秘之帘，画家已弃除肉体生命的表面现象，不再拘泥生命的表面唯美，诡秘之帘进入“语言之帘”的锤炼，从而激发出源自永恒激情的生命艺术。

猫的诡秘也许是画家的幻觉，内在生命才是导致诡秘帷幕的原因，源自生命意识的激情撑起诡秘之帘的帷幕，这种内心情绪的力量否定固有的模式，否定一成不变的语言模式，否定表面的生命现象，从而爆发出内在心灵的强力。因此，画家不是用画笔，而是以外表情绪为饵、以内在生命为锅，熔炼绘画艺术的生命之髓。

2014年11月23日于红树康桥

（黄永生，集美大学美术学院副教授，中国美术家协会会员，福建省美协水彩画艺委会副主任，福建省美协水彩画会副会长，厦门水彩画会副会长。）

陈明华 自由·神手22 100×80 布面油画 2014

看明华的画，首先映入视野的，是经由自然物像借势而来的抽象的框架结构。将繁杂缤纷的自然景象进行整合提炼和强化。浓郁、厚重、强烈的色彩和画面效果。显示出他对画面的把控能力和绘画上的主动性。而他的作品不论大画小画都有一种大气磅礴的气势，和格调不俗的品质。这种气势首先来自他笔意的书写性与意象境界的表达；格调则来自对绘画本身问题的探索，而非拘泥于对自然的描摹再现。他的《船》系列间于具象与意象的表现，很震撼，看后有一种挥之不去的神秘甚至恐惧的感觉！而植物系列则灿烂茁壮，生机盎然，又是一番天地。

陈明华在绘画创造上表现出一种孜孜不倦的韧劲，和遇事不惊的作画常态。我钦佩他的这种坚定和自信 ，因为这是作为一个专业画家的重要前题。相信这样的状态，会给明华带来更好的发展！（王克举）

陈明华 自由·神手之一 180×160 布面油画 2014

陈明华 自由·神手4 180×160 布面油画 2014
陈明华 自由·神手3 180×160 布面油画 2014

陈明华简历

陈明华，1962年生于福建连江，1982年考入福州大学厦门工艺美术学院陶瓷专业，1990年进入中央美术学院学习油画，2012年进入中国人民大学“写意精神”博士油画研究生班学习。现为中国美术家协会会员,中国意象油画研究会理事，中国水彩画协会福建艺委会委员，福建美术家协会油画艺委会委员，现住北京为职业画家。

参展及获奖

2015 《人体》《荷花》丝绸新起点福建油画名家作品邀请展

2014 《暖风》第十二届全国美展；《红船》《暖风》丝绸之路·福建省当代美术精品大展暨第十二届全国美展福建省作品选拔展并获双优秀作品奖《天堂·自由系列》中国新野性艺术群作品广州邀请展；《天堂·自由系列》中国“重构意象”油画邀请展；《天堂·自由系列》中国新野性艺术群作品全国巡展

2013 《暖风》深圳国际水彩画双年展

2012 《红船》鼎新华南·吾土吾民油画邀请展

2011 《山》全国中青年艺术家推荐展

2009 《记忆》庆祝新中国成立60周年福建省当代美术精品大展并获最高奖；《记忆》第十一届全国美展

2008 《山》《海边》《春雨》华东六省一市水彩画邀请展并获精品奖

2004 《记忆》第十届全国美展

2003 《伙伴》首届全国小幅水彩画展银奖

2002 《晚风》第六届全国水彩、粉画展；《海边》入选中国水彩画写生精品大展

2001 中韩美术交流展

2000 《岛》中国书画精品大展并获铜奖

1999 《海角》第九届全国美展

1997 《柠檬》中国第二届静物油画展并获一等奖；《黄昏》中国青年水彩画大展并获学术奖

1989 《厂》第七届全国美术作品展

陈明华 红船34 80×100 布面油画 2014

陈明华 自由·神手24 100×80 布面油画 2014

陈明华 海1 100×100 布面油画 2014
陈明华 海5 60×50 布面油画 2014

陈明华 自由 · 神手19 100×80 布面油画 2014

陈明华 渔港4 200×200 布面油画 2011
陈明华 渔港 200×200 布面油画 2011

陈明华 自由·神手13 100×80 布面油画 2014

陈明华 渔港3 200×200 布面油画 2011
陈明华 渔港1 200×200 布面油画 2011

最具升值潜力 · 杨明清

亚麻布上的空间建筑

文/徐旭

作为一个外貌文静与清秀，性格内向与拘谨，骨子里唯美主义趣味浓郁的油画家，杨明清多年来，一直徜徉并流连忘返于古典主义与表现主义的两条河流之中。精致、漂亮、好看，曾作为他的油画艺术创作道路上的三块近义词路标，主宰了杨明清的大量生命时间，也主宰了他的大量的风景、景物与室内人物肖像绘画的劳作过程。由于性格、趣味、职业与环境的使然，这个艺术家以钻牛角尖的精神，绘制出了相当数量的表现主义画作，在一个远离国家政治经济与文化中心的中等城市中，写实主义的画风，长期以来，都是与没有后现代生存焦虑与困惑的城市文化风尚相适应的，潜心并醉心于唯美趣味的精雕细刻，一度成为了杨明清的全部艺术追求目标。但是，这种较为平和与平静的生活和艺术方式，终将抵御不住

杨明清 空间NO46 60×50 布面油画 2010

席卷全中国的新都市营造狂潮的冲击，杨明清所生活的城市就在短短的数年时间内，发生了一场令人瞠目结舌的、天翻地覆的巨变。今天，杨明清的外部环境全然陌生化之后，艺术价值观与艺术生产活动，也就伴随着被抛出熟悉的生命存在之轨道的遭遇，自然而然的发生了巨大的变化。

当然，近年来，带领学生经常外出写生考察的经历，也给杨明清绘画道路的重新选择，施与了极大的促进作用。我们可以在他的画作中，清晰地窥视到北京、上海等等变化中的空间，是如何一步步蚕食杨明清过往的绘画经验与审美情趣之过程的。

"我们日常穿过的空间，由所在构成……如果我们注意到了所在和空间的关系，空间和空间的关系，我们将获得线索，帮助我们思考人和空间的关系"（海德格尔）。当空间成为一个问题，或者说关键词，被敏感的杨明清敏锐地捕捉到之后，一场绘画劳动的扬弃与变革，便降临在了杨明清所面对着的亚麻布画框上了。于是，"空间系列"便赫然占据了杨明清的大部分艺术生命时间。

在这个骨子里渗透了唯美倾向的艺术家的晚近时间的绘画活动中，表现主义的绘画趣味，并没有完全被图式化的当代性绘画所完全取代，它们依然顽强地躲藏于"空间"的角落之中。这种对抗性的图式面貌呈现，清晰地揭示出了一个经常陷入多愁善感的困境中的艺术家杨明清的内心矛盾，以及他对过往时间的感伤与缅怀之情。

这一证据，就是这样无可辩驳地展现在了那些后来被改造成艺术空间的鸦片战争之后的西洋风格建筑与上个世纪六七十年代的包豪斯风格的工厂建筑之中的。

亚麻布画框上的空间，当是杨明清的精神居住空间；当杨明清像一个建筑工似的在亚麻布上持续着另一种建筑劳作时，艺术之思，便成为了将这个"短暂者引进居住的唯一召唤"。于是，作为一个与我们共同暂居于此岸世界的生命个体，杨明清以及我们"如何响应这唯一的召唤呢？这就是当他们处于居住的目的而建筑并且为居住的缘故而思考时所完成的"。这就是海德格尔在他的那个文本中给我们写下的最后一句话——结束语。

杨明清 巢-03 150×180（三联）布面油画 2011

杨明清 观景·磨基山 50×60 布面油画 2014
杨明清 夜-01 25×20 布面油画 2008

真象的幻象

——杨明清的性灵空间

文/全东语

完整的，还是拼贴的？
连续的，还是断裂的？
真实的，还是虚构的？
运动的，还是静止的？

人类永远以自我的认知来理解我们所处的世界。

关上一道门，获得封闭的墙面
打开一扇窗，延伸向外的视线
越过一道篱，发现未知的角落
遇上一双眼，穿越了所有的距离……

宇宙洪荒、混沌初开。

如若时间是一种运动，那空间就是一个存在。

踏入一个空间，不论是构建还是发现，存在就已经改变。

这一次，这个改变来临的时候，我正进入到这个空间：

随着那个红色的指引从左边的墙挤进去，那是几何形的灰色高墙。清冷的光投下暗黑的影子，那影子也是笔直笔直的。视线好像被剪刀裁开。索性跨入光照下明亮的地方，抬一抬头，看到高墙外的天空中有茂密的树枝——只有树枝，在那里书写着一些网状线条，陡然的好看着。仿佛意味着什么，又仿佛没有意味，只是交织着，展现交织本身的节奏。没有一片叶子的干扰，直接发现了毫无遮拦的巢——那是另外一个栖居。你不会知道什么样的鸟儿住在那里。或许有路梯，或许有栏杆和窗户，但是那么的不肯定，完全不明白可不可以走进，或是走出。或许有钢琴键盘般的梯状物在眼前延伸，多想弹着这琴键跳上去，翻过细直的栏……突然，进入暗影，空间戛然而止。

当然，这是一个画上空间，是杨明清老师油画《空间》系列中的场景。它或许只是呈现在画布上，这是一个可以让人安心的解释。当意识到这个现实的时候，终于长舒一口气，然后果断地跨入暗影……仿佛进入一个时空的隧道，穿越而过，来到空间第二联。依然随着红色的指引，有时是黄色，有时什么都没有，但你发现一种指示，使灰调子的空间流动起来。它好像琴键上的高音，使人猛然警醒，又好像只是一缕空气，在不同的空间中对流。他们只是自顾自地对流，开始一场对话，或是一种融合。你或许可以聆听、或许可以加入，又或许你只是旁观……

所有的“或许”，都代表着一种不确定性。空间是确定的吗？或许正好相反，完全的不确定。相比较于时间的相对性，空间更是一个相对的存在。它在不断地被构架，然后解构；剪切，然后拼接。自然的山川河流、森林草原解析着大地和天空，人力的钢筋水泥、玻璃帷幔分割着生存和生活。而在画布的空间设置上，杨明清用三联的构图方式和色彩的纯粹性，赋予了画面空间的不确定性。多个个空间同时存在，有分割的暗示，其实并非割裂；也有连续的暗示，其实并不连贯。由这种不确定性的静止从而产生流动，跟随这个流动实现对话和融合。或许我们可以说，这种似曾相识、欲断还连的空间结构，在画面上实现了蒙太奇的手法和效果，它微妙地讲述着故事，精彩地切割着视线，完美的组合着另一种语言。马儿和骑士站立在灰湿的空地；两个招贴牌并排而立，遥相呼应；墙

杨明清 梦园·林语09 120×500 油画丙烯 2015
杨明清 梦园·林语06 120×320(四联) 油画丙烯 2015

杨明清 空间NO32 160×120 布面油画 2008

上整齐的画作展示孤独的欲求，而小镇温暖的光线、棕红松软的矮墙，还有在画面中穿行的人影…… 预示着无限存在的空间可能。这似乎是把一种电影幻灯似的语言大胆启用在绘画上，由空间的组合和运动产生时间上的漂移。

也许这种手法在艺术史上并不特别新鲜。在大卫.霍克尼的绘画和摄影作品中，空间被随心所欲的安排和剪接。但同时，他也揭示了所有艺术手法的真谛：“技术和手法并不能创造真正的不同，唯有使用这个技术手法的人可以。”艺术的独特性并不在于技术和手法，而在于艺术家的内心。大卫.霍克尼生活在缤纷的色彩世界，他组合着斑斓繁杂的人生，包括他艳丽时尚的衣着和最新新闻报道上刚去到好莱坞引起的狂热追捧。如果说他用色彩创造了空间的流动，那杨明清的空间更倾向于以纯色的安静和暗示展开故事，以求对话和融合。

我是不是可以想象生活在扬子江边那座城市里的杨明清老师是一个安静而丰富的人？

那是一座不大的城市，这使得它远离大都市的模式而具有更细致独特的气质。周围小镇有清亮的溪水，春来城边有湿润的柳烟，远处陇头还有淡白的荠菜花，温润清雅的审美给他的画面带来一股宁静的潜流。最简洁的构图和色彩，几乎空无一人的空间，不为给你观赏，只是让你不由自主地进入，悬浮在空气中，游动。写实的表现和梦一般的诗意让画面既清晰又暧昧，让进入者好像在现实和梦幻中穿行。是梦是真或许也只是相对当下的立场和位置。就如同那部经典电影《盗梦空间》所呈现的：人生也不过是在一重又一重梦境中跌落或回升。到底哪一重梦是现实，那一个空间是真实的存在？就像最后定格的那个镜头：象征梦境的那枚硬币在旋转…… 它也许会停下，让时空回转现实；它也许永远也不会停下，人类永远也不能从梦境中回落。从一粒沙子到整个宇宙，都只是假设的空间，我们用写实的手法和隐喻的语言让我们相信空间真实的存在并力图交融。

终于，我看到了杨明清的空间里那真空般的宁静所传导出的耳语般的流转。

杨明清 梦园·林语10 100×240(三联)油画丙烯 2015
杨明清 对话·融合NO3 80×160 布面油画 2013
杨明清 对话·融合NO2 100×180 布面油画 2013

杨明清 对话·莫奈 120×160 油画丙烯 2015

杨明清简历

杨明清，男，中国美协会员，湖北省美协会员，宜昌市美协副主席，先后毕业于西安美术学院、湖北美术学院，现任三峡电力职业学院副教授，三峡大学艺术学院客座教授，三峡画院画家。

2015　吴冠中艺术馆全国油画作品展；第二届南京国际美术展（铜奖）；江南如画·中国油画作品展；可见之诗·中国油画风景邀请展；中国·大连首届中国画三年展

2014　第12届全国美术作品展；首届南京国际美术展（银奖）；可见之诗·中国油画风景作品展；第十二届湖北省美术作品展；首届山东（国际）美术双年展；获"首届宜昌艺术节—宜昌群星奖"美术类一等奖

2013　2013意境•中国全国画展优秀奖

2012　杨明清油画个展（威海美术馆）；时代风采·2012百家金陵油画展；首届全国中青年油画展

2011　艺术家眼中的当代中国·中国油画艺术展；湖北省庆祝中国共产党建党90周年美术作品展；第二届挖掘•发现油画新人展

2010　油画艺术与当代社会·中国油画展；时代杯·中国青年写实艺术大展（优秀奖）

2009　大东方当代油画展（优秀奖）；走进鄂尔多斯国际美术大展（优秀奖）；别样的现代性学术邀请展；湖北省画院优秀作品展览

2008　心迹·杨明清油画个展（上海）；全国油画写生作品汇展；第三届风景、风情全国油画人物展

2007　第二届风景·风情全国油画展（优秀奖）

2006　湖北省中国山水画、油画、水彩画风景展

2005　第三届全国画院优秀作品展

杨明清 时光·记忆04 150×200（四联）油画丙烯 2015

杨明清 梦园·林语11 100×160（三联）油画丙烯 2015
杨明清 梦园·林语07 150×180（三联）油画丙烯 2015

杨明清 梦园·林语04 150×180（三联）油画丙烯 2014
杨明清 空间NO29 160×120 布面油画 2008

杨明清 空间NO28 160×120 布面油画 2008

杨明清 对话·融合NO11 150×180 布面油画 2014
杨明清 空间NO31 160×120 布面油画 2008

杨明清 梦园·林语02 120×80×3 油画丙烯 2014
杨明清 蓄势待发 100×80×3 布面油画 2014
杨明清 对话·融合N06 100×180 布面油画 2014

杨明清 对话·融合N09 150×180 布面油画 2014
杨明清 空间N06 140×120 布面油画 2009

杨明清 对话·融合NO10 160×120 布面油画 2014

杨明清 巢-02 150×180cm（三联）布面油画 2011
杨明清 空间NO30 160×120 布面油画 2008

杨明清 对话·融合N05 100×240 布面油画 2014
杨明清 梦园·林语01 120×80×3 油画丙烯 2014
杨明清 对话·融合N01 80×160 布面油画 2013

杨明清 空间-798之三 60×60 布面油画 2013
杨明清 空间N045 60×50 布面油画 2010

杨明清 巢 150×180 布面油画 2009
杨明清 空间NO17 150×120 布面油画 2008

杨明清 梦园·林语03 150×180（三联）布面油画 2014
杨明清 空间N09 140×120 布面油画 2008

最具升值潜力·张刚

小人物的大城内像

——浅谈张刚现实主义油画艺术

文/方香

张刚，出生于河北张家口地区。据他自述说，在经历了一段残酷的青春叛逆期后，进入了绘画这条道路，基本上作为一个自学成才的艺术家开始了自己的艺术职业生涯。一直向前，不曾中断。

无论是上世纪90年代兴起的与传统及激进均保持距离的新视觉表现方式，还是带有自我冷漠意味的嘲讽式的观念现实主义，张刚的绘画与它们的各类要素之间都保持一定的共通性。

在某些方面，张刚沿用原有的现实主义传统的表达，但又在画面中将某一部分的写实技法尽其可能地“破坏”，是一种对现实观察角度的改变，对自我感知到的现实进行思考后的重新定义。张刚的艺术对

张刚 盲之No. 6 60×50 布面油彩 2011

所描绘的对象该如何鲜明表达的语境上，与写实主义画家库尔贝有着相似之处。库尔贝反映底层人民的生活，如《碎石工》，他有一句名言：“我不会画天使，因为我从没有见过他。”

现实——人文关注式的悲鸣

现实主义，在中国艺术，及中国之外的各艺术范围内，是被广泛提及和运用的一个概念。无论是面对真实存在的物体，还是想象出来的对象，绘画者总是在描述一个真实存在的物质而不是抽象的符号。那么，我们该如何对张刚的艺术作品或概念进行对应与梳理？现实主义肯定是一个明显的指向，因此它直接涉及艺术家对社会性的观察：能否将自我经历的事件、场景、关系的各类感知转换为精准的、与真实相关的图式，让我们站在画作前能想象及感受到它的存在。

张刚的绘画作品展示出，中国乡镇与大城市之间人们互往的生活脉络紧密相关的各类符号，非常丰富：一处中转的场所、一个等候的群体、一处未知的方向、一份对未来的向往与坚持，而行囊、装束、阳伞、小吃摊等则是最强大的中国普通民众的普通生活的现实象征，因为它真实体现出最普通的小人物在以大城市为梦想追寻目标的代表性指征。张刚强调这类道具式的现实性符号，与画面中表达的其它情绪类的符号一起，作为在中国艺术语境下自我呐喊的一种手段。通过这些，作品具有传统文化与和当代中国文化交融的重要意义，非常隐晦与微妙。在描绘等待的人群时，又象征性地传递出中国人生活的变化和动荡，对梦想的去往充满着不确定，随时会为奋斗更改方向的不安与惆怅等等。

张刚的作品还不同于“对自然或当代生活做准确、详尽和不加修饰的描述。”，这种现实主义摒弃理想化的想象，主张细密观察事物的外表。然而，这位十六岁离家，阅历沧桑的年轻艺术家内心蓄积着繁盛的各类生活感受，并具有可以在手中自然流淌的绘画技术，还有脑中

张刚 盲·蜕变计划1 90×75 综合材料 2012
张刚 盲·蜕变计划20 80×60 综合材料 2013

清晰性展现绘画主题的思路，构成了作品中最细微的社会性的示现。

这种展现，令人动容。但在现今庞杂的中国艺术世界中，张刚却并不足以令更多的人关注到。张刚作品中，更多的则是怀着对鲜明色彩的兴趣与执著，关注行途中转场景与人群的各种形态。系列作品时间纵向跨度十年间，以各类中转人群作为城乡变迁的历史性的信息资料，这些都具有可探寻式研究的价值。

因此，他的作品并不满足现实主义表达的边界之内，他画车站中的人群或者场景，事实上是展示一种梦想旅途中的暂休，一种对梦想的等候，一种对梦想到达的期待。在作品《盲·寻No.2》中，人物双手中的行李成为视觉侧重，

双臂因紧张而肌肉收缩，背景则被虚弱化，甚至于丢弃描绘背景，都是思考性的处置。

在张刚的艺术中，他的画面对现实外部世界直接介入，但并非是单一的再现。他画城市间汇聚场地的男人女人，都隐去了面容，甚至是身体，人深层孤独感、陌生感跃然而出，对应着人的微小的生命性。

在这个过程中，被选择出来的场景，及被设置为具有故事情节画面，都被更改了原始性的社会意义，以便建立可以带动人情绪的隐喻。例如他在作品《盲·幸福在何方No.6》中立交桥、人行道、人群、交通信号灯之间交错的构图，时间设定为黄昏，灯光的色彩渲染，从亮白到艳红再至果蓝，隐喻斑斓城市下蕴藏着诸多希望。

张刚并不是在臆造，抑或是“发现”于这样一种现实主义题材，作为中国千千万万个出自乡村，怀揣渴望的年轻人中的一员，他对辗转于各个城市体验深刻。表达自我，并引发对奔走式小人物的关注，建立各个群体间联系的真相，也是张刚作品中一个重要的现实意义。

红色——情绪性的隐喻

以自我生活为起点进行的艺术创作，张刚既不是起始，当然也不是结束，更不会是唯一，然而值得注意

张刚 虹之蜕变计划1 145×180 布面油彩 2011

张刚 盲·寻No. 16 170×110 综合材料 2015

的是，在创作中他并不为观众祛除令人躁动的不安与惊诧，他善于，且聚精会神地向外传递着内在潜伏的挑战性，令我们改变惯常的体验平凡事物的语境。这一部分的完成，依赖于画面中的红色。红色在张刚作品中是重要的组成部分，不容忽视。特别有趣的是，艺术家对红色有持续的迷恋，一切都在红色的基调上变化、诉说。

哲学家别林斯基说：“我们要求的不是生活的理想，而是生活本身，像它原来的那样。”“把全部可怕的丑恶和全部庄严的美一起揭发出来，好像用解剖刀切开一样。”

生活的真实并不仅仅是一个画面，它是具有情绪性的。张刚艺术中关注着路程中人们可能产生的情绪，因为这类情绪可能会被忽略及漠视。许多的诉求感受，积压成一团炽热的红，其间有愤怒的承载。

例如作品《虹之十一》中的红

色，让我们看到城市与人们硬生生地被红色覆盖，单色的夸张中有被撕扯开内在情绪的真相，也许它是激情，也许它是热烈、也是许它是路途中的迷茫，也许是它是城市的绚丽，这些都被暴露在城市历史性的自然轮转的牵引力之中。张刚称其为“旅途碎片”，我品读到的是画面中流转着的情绪线索：匆忙—悲愤—无奈—拚搏—隐忍—乐观等等。张刚其它作品的红色都带有一种入侵性，及攻击性，或者说，进军性更准确一些。

车站、广场等地域性的符号具有暂停、通往、到达等意义，而红色代表着各类炽热情绪，这两个分别代表现实性外在，与感受性内在的两个符号的汇合，意味深长。

观念——小人物的大城之像

德国作家席勒认为，诗的两种表现形式在于“模仿自然和表现理想”。在张刚艺术中有自然与理想的构成，依赖于他对传统题材的选择——“小人物”，派生出独具的特质——“大城之像”，而非个人独断，他的画作是个性化的、特异性的，其内在的价值值得审视，由此，人们被提供了独特的审美经历。

沉浸于从2002年至2013年间的海量张刚作品中，一条有关小人物与大城市之间的对话图卷清晰显现。自2008年的作品《待之二》开始，至作品《盲之No.12》。

从最初画面的清晰至后期人物的隐示，几乎所有作品的图像里，众人中更卑微的小人物被重点描绘，乞讨者、残疾者、独行者表现出的多种姿态，例如有的独立，有的依偎，有的混杂，因此我认为有关小人物的内在感受对张刚来说具有特殊的意义，这部分尤其呈现了艺术家对城市中低层群体内在的大胆的想象。

走近人类的内在，我们发现，许多情绪与感受我们无法探知，有的只是外在的姿态、动作、表情、语言，考虑到观众所能触及到的视觉感知，张刚大部分作品弱化场景是有益的，那是一种城市间模糊的概念，场景本具有叙事性的功能，隐去了故事性，只考虑表达人在城市中的情绪，可能会更多地吸引我们的注意力。

实际上出现于很多画面中的背向、群聚、堆叠的行囊都从画面现实转向外在现实，在车站及广场等待中转的人群成为现今中国都市的快速建设及乡镇重要劳动力离家求索的暗指与隐喻。看似被随意刮抹的中心画面是张刚精心构筑的提示，

张刚 盲·旅途碎片No.1 175×175 综合材料 2012

张刚 盲·寻No.18 170×110 综合材料 2015

提醒着它是每一个人都有的梦想，并都拥有拼搏的执著与力量。文明在渴求美好的城市寻梦之路中交错、变革。画面特定的情境具有混合的信息，既标明一段路程的结束，也预示着未来未至之前的警示与惶恐。

最后，有关“小人物的大城之像”这个话题，给我们提供了广泛的可能性。有人聚，而居，而安，则成为“城”。大城究竟何像，大概也属于盲人摸象之境。每一个为梦想出离家乡，奔走于城与城，城与家的人们，都有一个内在的映射。至于大城究竟何像？张刚已经为我们开启了一类可以参考的思索的可能性。

这种体验主要来源于与创作的大型、大量的绘画结合，其背后相关着强大的情感性的意识状态。从这一点讲，张刚的艺术，是用模糊的场景与人物，精准地再现了表达对象的细节。这或许标志着一种靠近，靠近内在感受体验，这是超越外在现实性的成长式寻求。这种艺术强调用世俗的现实主义世界中寻找自我的精神圣地。

艺术家也需要相信，成长背景是自己艺术概念的源泉，任何摒弃自我体验与经历的艺术作品都可能是虚假的。艺术是生活的另类呈现，但绝不是生活的总和，我们都渴望美好与真相，但它们并不关联，尊重并愿意呈现内在真相，需要勇气。

张刚在用红色的作品提示着：在庞大的生命中转流程中，我们都是过往的小人物。

张刚 盲·在路上3 80×80 综合材料 2011

张刚 盲·蜕变计划2 90×75 综合材料 2012
张刚 盲·在路上6 80×80 综合材料 2011

迷·盲，蜕变的前奏曲

文/贾佳

采访张刚，是一件相对比较轻松的事，也许是因为年龄相近的关系。自始至终，张刚的脸上都带着一个质朴的虔诚追求艺术的大男孩气息。他说："我的作品让很多朋友重新认识我。他们通过我的作品看到了我的另一面。可能每一个人都有很多面，只是我们从未试图去了解。每一个人也都有一个脱离当下生活、活在别处的途径。而画画就是我寻找内心之路、传达自己、调整自己的最完美最彻底的方式。我已确定了方向，那就是呈现我成长路上的"迷•盲"，"迷"是我的状态，"盲"是我的追寻与突破。这是我目前的最适合的主题，它是我的坚持、沉淀与累积。正是因为此时对"迷•盲"的追问与思考，或许是将来的某一天，我能实现对自我的真正的清晰感。

贾佳（以下简称贾）：我发现你的作品和"生路画派"里其他老师的作品反差特别大。

张刚（以下简称张）：从画面上直观的感觉的确存在你所说的情况。我认为欣赏风景有许多方法，取风景于画作也是如此。比如城市风景，别的老师的部分作品是以描绘自然景为主，我的作品是以人为切入点。在我看来，想画好自然景是非常难的，特别是外光，但每个人对风景的理解及如何将自己理解的风景入画，都有不同的角度，自然会产生不同的表达方式与表现手法。我相信每一位进行风景写生创作的艺术家，都期望借此与大自然进行近距离的沟通、交流，从而来探索用当代语境进行油画风景创作表达的可能性。当然这种创作并不仅是在描述单纯意义上的风景，而是试图通过风景来表达风景背后他们的艺术理念和内心。而我的作品追求的也是如此。

贾：你最初是怎么想到选择这个题材的，在画这个题材之前你画什么？

张：嘿嘿……。我不选择题材，我就活过这么20多年，包括生活也是如此。不选择也是一种选择的概念。你所看到的，你所听到的，你所感受到的，这些经历是真实的，既然是真实的，你如何选择呢？所以接受生活与自己的所有创作理念，哪怕是一闪而过的灵光，它们没有对错，没有哪个被选择，哪个被放弃。其实我从开始画画到现在，一路走来是很自然的。最初我经常出去画一些写生，当时也很单纯，就想画好画儿，留下一些东西。我曾经试图用绘画描写与自己同龄人的生活，画了很多。画面中，我把年轻人放到特定的环境里去，模特和环境的变化相结合，我很喜欢

张刚 方向之八 142×180 布面油彩 2008

张刚 盲·寻No.1 160×120 综合材料 2012

自己的这种表达方式，想就一直这么画了下去。后来，在一次旅行中，我深切地感受到同在旅途中的步履匆匆的人们其实是城市与城市间连接的符号，也感觉到了城市间交流与交融带给人们带各类的压力与感受。发展能够改变一切，社会能够改变一切，所有人都被这台快速前进的社会大机器所牵制带动，人们变得盲目、浮躁、虚荣、随波逐流。我身入其中，又何其能幸免。虽然如此，但艺术家是用画笔思考的一个群体，我不能停止思考与表达，却同时在这种“身”与“神”的冲突、冲撞中挣扎前行。这便是我要表达的，所谓的“盲•”，这不是一个点，它是一个过程，我思考，我前行的过程。

贾：那么为什么会选择红色的基调，并且感觉像是车站或者集市呢？

张：红色是和年轻人有关的活力概念的象征性表达。我将其注入了更多的是浮躁的意向。“年轻人”这个词含义是丰富的，同时它也含带着关于质疑、迷茫、徘徊、彷徨、盲目等这类略带负性的表述，所以我选择描绘这个以红色基调的特定环境下的人群，这些风尘仆仆、行色匆匆的“迷”且可能“盲”的人。我为什么会选择以车站或集市为特定环境呢，因为我认为这些情境下是很有戏剧性的，并且也很微妙，它几乎是社会中的人都会去的地方，很多人在这里停留一段时间。车站而言，它是连接上一个出发地与下一个目的地的中介点，这其中隐藏的很多的选择便会产生，目的地的选择、车次的选择、时间的选择、车种的选择、伴侣的选择，这都是人生命运的选择的一个个小的节点，因此，人生的转折点也可以说是人生的暂留地。

贾：我觉得你现在画画，更多的是在画自己的内心。

张：可以这么说，我是在画我自己。曾经包括现在还想把我自己的形象加在画面上，令我的个人的生命力也出现在画作上，让生命的能量成为作品的一个组成部分。创作的时候，我会很安静，认真对待我的作品。

贾：加入“生路团队”对你影响大吗？

张：嗯……，影响很大，随之而来的压力也非常大。这个团队里的老师们的阅历都比我丰富，读书的

张刚 盲·幸福在何方No.3 175×175 综合材料 2012

张刚 境之四 142×180 布面油彩 2008
张刚 虹之九 142×180 布面油彩 2008（参加2010年油画艺术与当代社会·中国油画展）

范围也大量也多，个人的经历都比我多很多。他们给我的帮助很大，经常给我一些很好的建议。他们对艺术的敏锐感知力及对艺术的研究，都令我时常诫示自己，抱着“我不能掉队”的心态而努力着。这种压力来自于内心，是对自己的要求，及对老师们的敬意。

当然在最初刚接触这个“生路团队”的时候，因为对这些老师不理解、不熟悉，总觉得自己还是个孩子。但是日子久了，我慢慢感悟到自然风景写生创作是他们对生活生命进行艺术表达的一种独特的敬献，他们是想通过风景来描述很多东西，　其中的语言各具特点与性格。风景也只是他们众多艺术表达语境中的一个方面，只是用这个风景创作的形态将几个志同道合的“战友”连接和融合到一起。

我们借风景相互对话，相互感知，相互理解，相互鼓励，一起前进，我们也因此而快乐着。

贾：现在像你一样的很多年轻人都在做一些新媒介的东西，你有没有想过这些，或者说在换一个题材？

张：我不排斥新媒介，我也曾试着接触过新媒介，甚至自己做过一些创作计划，我也喜欢，也是我要做的。在绘画上，我还有很多想要探索的东西。我是一个思想灵活且做事执著的人，只要与艺术相前，许多领域都是我愿意尝试的。我有一个习惯，笔和本一直会带在身上，没事就乱走、乱想、乱写、乱画，记录了很多自己当时认为有意思的事情，也想过用不同的方式表现出来，并且很多都写了方案，这都是我的积累，有太多的东西

需要我认真梳理，需要认真思考。

贾： 我觉得你现在是在累积，是沉淀的过程。

张： 嗯，累积和沉淀是一直都要去做的，幸运的是，从绘画的角度上我现在已经找到了属于我的道路与定位，那就是我所描绘的“盲•”。“盲•”是我试图弄清楚的方向，可我还需要更多的养分。

可能有一天我茅塞顿开，当“盲•”不是“盲•”时，我就结束这个题材。

贾： 你这批作品参加过展览吗，反响如何？

张： 参加过一些展览，大家对我作品的评价还是不错的，反馈回来的信息也是我比较满意的，也达到了我的预想。很多我周围的朋友看了我的作品，说发现了我的另一面，我明白他们在说什么，所以我认为在现阶段我想传达的东西能让观者感知到那便是成功。

但是我对“盲•”的探索与研究还在继续，也包含画面的绘画感。

绘画是一个犹如冷水沏茶慢慢浓的过程。目前我在绘画方面还存储了几个题材，需要一步步完成。我相信，我的艺术之路还很长，也将无终点。还是慢慢来吧，画画，毕竟是一生的事情。

张刚 盲·在路上24 80×80 综合材料 2011

张刚 盲·寻No.3 160×120 综合材料 2012

张刚 虹之二十二 145×180 布面油彩 2010

张刚简历

张刚（张怀之），1985年生于河北省张家口，现居北京宋庄为职业画家。

个展

2003　张刚个人习作展（天津）
2005　张刚个人作品展（天津）
2013　迷·盲蜕变的前奏曲·张刚个人作品展（北京）；大城内像·张刚个人作品展（北京）
2014　征途之上的燃烧·张刚个人作品展（北京）

联展

2003　五人作品联展（天津）
2004　在校优秀生联展（天津）
2005　“映想”《冬日阳光》一等奖（北京）
2008　纪念改革开放30周年河北省美术作品展，二等奖（石家庄）
2009　第十一届全国美术作品展省展（石家庄）
2010　油画艺术与当代社会·中国油画展（北京）；第五届河北省艺术联展（石家庄）
2011　辛亥百年和谐中华台湾翰墨之旅2011中华名人名家作品展（台北）
2012　生路·风景绘画邀请展（北京）；生路画派首展（北京）；中一乌文化艺术交流展（中国襄阳、乌克兰基辅）
2013　五感·当代艺术名家邀请展（丽江）；中国名家画北京主题展（北京）；醇·艺—2013中国当代油画精品西

部邀请展（银川）；白庙计划（北京）；中传华彩小幅国画油画邀请展（北京）；星•宸—全国孤独症艺术家与当代艺术家作品展（北京）

2014 无•语境—当代油画四人展（北京）；影子•爱尔兰文化艺术展（北京）；AffordadleArtFair（香港）；艺术VIVA•传递中国画风正能量（北京）；亚洲当代艺术博览会（香港）；中国意象表现主义邀请展（北京）；微艺术博览会（北京）；泰和新•象—中国当代油画名家邀请展（银川）；无微不至•上上首届微作品大展（北京）；第17届北京艺术博览会（北京）；新锐艺术家国际邀请展（北京）；庆祝新中国成立65周年河北省美术大展（石家庄）；致敬—青春青年艺术家特展（北京）；第四届上海城市艺术博览会（上海）；融合与前瞻•第二届油画邀请展（北京）；首届成都城市艺术博览会（成都）；首届南京国际美术展（南京）；第18届上海艺术博览会（上海）；新像续•中国现当代艺术作品展（银川）；汇点•京津冀青年艺术家联展（北京）

2015 青春•六人行当代油画联展（北京）；第17届平谷国际桃花节•当代艺术邀请展（北京）；蝴蝶谷艺术创作基地•首届艺术邀请展（蔚县）；艺术改变乡村•宋庄艺术工厂建立10周年艺术作品展（宋庄）；FormosaArtShowTaipei（福尔摩沙国际艺术博览会台北）；2015上海城市艺术博览会（上海）；宁波首届国际艺术博览会（宁波）

张刚 虹之蜕变计划2 145×180 布面油彩 2011

张刚 盲·蜕变计划8 90×75 综合材料 2012
张刚 境之三 142×180 布面油彩 2008

张刚 盲·幸福在何方No. 6 60×150 综合材料 2013
张刚 盲·幸福在何方No. 11 60×150 综合材料 2013
张刚 盲·幸福在何方No. 5 60×150 综合材料 2013
张刚 盲·幸福在何方No. 9 60×150 综合材料 2013

张刚 盲·幸福在何方No. 9(局部)综合材料 2013

最具升值潜力·黄于纲

绘画大于绘画

——谈黄于纲创作的现实意义

文/王春辰

去年给黄于纲策划展览的时候，就想到了他为什么2006年从中央美院毕业后，一下子回到老家湖南湘西，常住凉灯村至今。这个地方是他的家乡，是他成长的记忆之所，但并非每个离开家乡的人都愿意为之流连的。对于黄于纲，他去那里并不是去采风，也不是去画风景，而是去画一种现实，画一种中国乡村民间的历史。

这里既涉及到作为一个画家的黄于纲对绘画的理解，也涉及到作为一个公民的黄于纲对于乡村发展的态度和责任。关于绘画，历史和今天都说过很多的话，甚至是狠话。从发展的角度，绘画自然有一个自身演变与变化的时间轴，中国美术的历史与欧美的美术历史都说明了这一状况，也因此，绘画被历史赋予很多功能和特质，在往大了一层说，绘画在与其他媒介比较中被置于否定的境况中，甚至被判了“死刑”。从以上观点来看，绘画这样的命运自然有其合理性和时效性，这是历史的变化，也是作为艺术家的人必须要了然于心的思考立足点。

黄于纲 过日子·生火 40×40 布面油画

特别是相对于现代主义绘画的纯粹性和平面性，绘画的叙事功能被彻底弱化，绘画的写实性成为绘画进入现代后被剔除的对象。这是绘画的纯粹性发展之路。但是在这纯粹现代主义之外，仍然存在一种特别强调绘画的功能性的历史需要，它既有集体的形式形态需要，也有个体的人文关怀诉求，甚至有独立的历史与政治的价值反思和追求。在这个层面上，绘画的意义依然存在，其语言的求索也依然可以与现代主义绘画并举，只是因为选择的偏狭而导致了叙事绘画被冷落。它的背景是一方面由于社会意识形态的过度消费，导致画家和社会公众对虚假叙事的厌倦和排斥；另一方面由于低俗的叙事绘画的流行，如风情画、乡景画、市井风俗画，使得绘画的当代文化意义大为消解，几近于无。这方面的消耗使得叙事绘画处于历史的尴尬境地而又无法敞明自身的真实价值。

那么，我们如何来看待绘画在今天的地位和性质？绘画在中国不仅是最大的艺术媒介，从事创作的人群最多，而且其发生的诸多意义值得细论。在国际上，绘画的当代意义的敞明都是一个事实，也是一个足可引为荣耀的事业。但前提是：对绘画必得新的方法论与思想呈现。没有足够的思想准备和对绘画的见识与信念，绝不会在绘画上有真正的建树，其盲目性必然将绘画混同于其他艺术而自甘自卑，或与其他的当代艺术比较时又盲目地否定其他艺术，以为只有绘画才是艺术。所以说，没有关于绘画的理性认识，在绘画上断不能取得成绩。

我们回过头来说黄于纲。他在中央美院学习，习得了绘画的诸多方法，特别是在叙事绘画与现实主义思想之间思考了良久，深思了许多。首先，他没有失掉对绘画价值的信心，但也不是屈从无意义的叙事陈规，而是想去解决绘画中的问题。他对自己成长的环境有着天然的了解，也知道那片土地的故事。他不觉得现代社会就是追求城市化，恰恰相反是回到故土，探寻生命的本源。他是从生命的血脉与传承的谱系里寻找一种生命的意义，他无法不被这种想念所驱动，也无法拒绝这样的生命哲学的命题。他从最底层的一户人家开始，连续几年去跟踪他们，刻画他们，记录他们，对话他们，实际是朝夕和他们相处在一起，深刻地观察了中国乡村的一户最小单位的结构关系，从这里看到了中国社会变化的复杂和彻底。黄于纲以绘画的方式记录着他们的起居生活和各种状态，这些绘画和摄

黄于纲 梳头的母亲 40×40 布面油画 2014

黄于纲 良海读书 40×30 布面油画 2013

影都已经不是单纯的绘画命题，也就是，它们都超越了本身。这是关于绘画的另一种思考与表达，类不同则无需做无效的比较，而能做到回到生命的真实状态，则无疑展现了绘画的价值——生命的思考者和体验者。从这个层面上，叙事绘画的复活是必然的，而以一种课题式的工作方法持续多年来研究，不是每一个从事绘画的人所能做到的。这就是为什么黄于纲用了似乎不新奇的叙事绘画语言仍然发掘了它的当下意义，这也是为什么黄于纲能够坚持这样的绘画思想。

今天绘画的多样，史无前例；推陈出新，亘古未有。各种绘画语言争奇斗妍，各有说法。但绘画作为一种人类最古老的图绘表意方式，有着其本质的属性：传递生命与信仰的信息，而非为了绘画本身。绘画从其存在那天起就大于绘画，到了今天，依然可以追求绘画大于绘画的命题。只是，这个命题的解答各自不同；黄于纲是从自己的社会学考察方法与人类学的立场出发，让绘画回到绘画的现实，在叙事的图像里，唤起人本主义的情怀。这种写实性的叙事绘画不走轻松的色彩飞扬，而是用沉郁的凝重画面来续写当下缺乏的道义精神和人类之爱的艺术精神。朴素的绘画之美即来自于大于绘画的绘画精神，历史有过这样的证明，现实依然需要这样的实践，而未来也会以这样的叙事来探访生命曾经的存在。

黄于纲的绘画实践则肯定了一种人类关怀的方法。这个时候，我们强调的不再是绘画。大于绘画，必定是先有人文的实践。在此，回到田野的工作方法，是为了探寻当今社会在21世纪初期的真实性所需要的。

2015年5月23日 花家地北里

黄于纲 过日子·洗碗 40×40 布面油画

黄于纲 打盹儿2 40×40 布面油画 2014

画余散记

文/黄于纲

凉灯今日的天气阴晴不定，我想出太阳，因为昨天看好的构图适合用油画表现，寨民想落大雨，水田等水插秧，旱地等水浇苗。

我拎着水墨画具沿着去年常走的那块菜地去求全家，地里的红薯、豆角、辣椒、西红柿等都已长成苗，油菜地碧绿一片，杆上结满细果，错综交叉地把小路拦住了，我站在高高的油菜地里痴看着这神奇的土地，缅怀它的秋冬，敬畏它的春夏。迎面的蛛网不知什么时候粘在脸上，一只灰黑色的小蜘蛛拉着丝往上爬，我只好返回，从另一条路前往。

求全一家拴了门，门口下养了六只小鸡，猪圈里养着一头小黑猪。去年是六只公鸡和一头白猪，我写了它们和自己在求全家的故事，写了它们的可爱和宿命。

今年我将如何写这七个小动物呢？或是它们如何对待我和自己的画呢？它们将和秋艳秋珍良伟三姊一起在这个小家里生活长大，一起遭遇阳光风雨。老奶奶和智障母亲也将和去年一样平淡地照料这七个动物和三个小孩。

今天，没有出太阳，也没有下雨，晚上露出了月亮，映照着这片土地，也映照着那些发情蛙虫们的叫喊。

2015年4月30日夜于凉灯

求全家那只调皮的猪已变成了火塘上的过年腊肉。

我却十分怀念它，一身的白毛，宽大有力的嘴巴，细小的眼睛，它被圈养在牛棚边，厕所后面，这三个场所就在求全家大门左边的一间土房里，喂养它，是家里十分重要的事，无论是炎热的夏天，还是寒冷的冬天，它的食物都准备得充足，记得夏日，智障母亲深夜还在剁猪草，累得她连连打瞌睡，醒来时再接着剁。每天早上，第一件事就是煮食喂它，一天喂四五次，每次主人提着那个只黑色的塑料桶准备出门，它便用嘴使力地顶那张小木门，发出呼哧呼哧的声音。只要一开那扇小木门，它会欢快地摆着头摇着小尾巴，晃悠着那圆滚滚的身子出来，慢慢地走向屋坪角落的石槽边，里面有热腾腾的食物，它知道这食物只属于它，旁边鸡舍里的六只红黄色的大公鸡不会吃，它们只吃苞米谷粒，邻居那只大白狗上次偷吃了它的食，被求全用扁担打得它狼狈嗡嗡地逃走了，再也不敢来。有阳光时，它慢吞

黄于纲 他们出去了2 120×150 布面油画 2013

黄于纲 夏天 40×30 布面油画 2013

吞地吃一会儿，蹲到一边晒太阳，求全的孩子们有时逗它玩，它也乐意。但对我的画和调色板态度就不一样了，好几次，我把画放在外面，只要它在，它一定会用嘴舌碰碰画面，有时趁我不注意，还偷吃我鲜艳的颜色，一旦发现，它早已躲到自己窝里去了。

它被宰杀的时候，天色寒冷，枯树如墨，远山青灰，求全的家人凝重地围在它身边，只有秋艳秋珍两姊妹在嬉闹着，麻雀落在石巢边上捡食着它昨日的剩米菜，叽叽喳喳，它绝望地喊叫着并喘着粗热气，声音响到寨子的每个角落，甚至叫醒了正冬眠的虫蚱。春天来了，它细眼斜望着天空，头上有三四支粗糙的大手按着嘴耳，突然，一道冰冷的寒光插入它的脖子，伴随着凶猛的嘶吼，奔腾的热血怒射下来，屠夫连忙移动着大木盆接着，细小的麻雀们扑打着翅膀吓得早已不见踪影。

它在求全家度过了近一年的光阴，最终用自己的尸首换得求全家该得到的收获。撇开生命，收获与付出是平等的，如果面对，那是悲哀的。

生命是用来思索的，会将平凡的事情看得深厚，那是作为旁观者的我，生命是来过日子的，会将生活中的琐碎看得实在，那是求全一家。

黄子纲 过日子·切菜 40×40 布面油画

黄子纲 不安 100×80 布面油画 2014

远在凉灯的一个角落如此，世界也是一样。

2015年2月16日

时间不会与你告别，它总是从身旁走过。临冬的山林染满了红色，秋偎在林中不舍，寒气笼罩孤山野丛，景致静凝，天色灰暗。将丘壑阡陌田野涂抹在纸上，心里铸的仍是浓秋，发觉秋暖的土地适合生出我的情感，当然，我念挂这土地，但总归会失去它的，如同秋黄会凋零成枯冬。

扎根在这里，走在熟悉的石径上，思考着生活应给艺术带来怎样的惊喜，思考着命途应给世界怎样的冷暖。

2015.12.2山江

雨越来越大，我拎着一块大画布，背着包，里面放着中午的干粮和热水。老婆跟在后面，雨水淋湿的石板路映着白光，不留神易摔倒，但每一步都可以踏在有落叶的石板间，那样走起来就稳当多了。尽管雨大，这一路秋冬相接的景致，我不会放过。紫色的远山，近处红黄的丛林，田里枯褐的草垛，被一夜的冬雨染成了清新的冷色，被割后的稻秆间，灌林野棘里都生起了春似的草绿，土地就是这么神奇，它闲不住，岁月允许它挽留更多的生命。一阵冬雨过后，唤回更多的生灵鸣喊和蠕动，春便回到眼前。天晴，阴雾，雨季，每天的光亮和温度的不

同带给人的感觉也不一样，只要用心去品尝，你会把生命的意义都搭进去。

步行约半小时，到了昨天选好的一户人家，门却上锁了，昨天跟他已商量好不锁门，听邻居说他赶场去了，下午二三点回家，他等了我们好久。是的，我们来得太晚。老婆身上发冷，加之全身都淋湿了，我们又急匆匆地赶往上次画过的那户人家烤火。老太太正在挑选大米中的碎谷壳，儿子龙洪茂已在场上卖米，火塘没有火，她很热情，见到我们落汤鸡的样子，赶忙从灶台边拿出干柴生火。屋檐上的雨哗哗落在石臼里，加重了气候寒冷，这样倒好，烤起火来舒服暖和，记些日记，有老婆在身旁，也不像以前那么孤单。把这些天的作品拿出来比较，谈些意见想法，追求进步。我们在火塘这边烤火，老两口在灶台一边，老头在打盹儿，老太忙完拣米，又去灶边补褴衣裳。火在灶肚里，冒出缓缓的细烟，灶上零乱摆着碗筷，橙黄色映在他们佝偻的身躯上，在这昏暗的屋子里，他们厮守这零星火光，这情形，这安静的雨天，有这样的邂逅，仿佛照见了我们垂垂老来的样子！

雨一直未停，我们借了斗笠雨伞，背着包去新的工作地点，要绷布，取构图，准备下一张大画。

2015.12.4.冷雨天. 猪槽坑

黄于纲 临秋 40×40 布面油画 2014

黄于纲 入冬 100×80 布面油画 2012

黄于纲简历

黄于纲，1980年出生，湖南桃江人。2006年中央美术学院本科毕业，获学士学位。2006年作品《年关》获中央美术学院毕业创作一等奖，首届中国非物质文化遗产大赛社会组三等奖，中国学院奖最佳美术设计。

个展：

2014　凉灯·黄于纲个展（北京现实空间）

2015　凉灯·黄于纲个展（上海证大当代艺术空间）

联展：

2011　凤凰西去20000米展（希望艺术馆）；第三届广州三年展

2012　可见之诗·中国写生油画展（中国美术馆）；最绘画·中国青年油画展（中国美术馆）；从写实出发·湖南青年艺术家提名展；段江华和他的学生们(宋庄李安奇美术馆)

2013　未曾出现的声音·威尼斯平行展；绘画的品格·中国油画展（北京大都美术馆）

2014　英国约翰莫尔绘画大赛（上海喜马拉雅美术馆）；理想之光·青年艺术家邀请展（湖南力美术馆）；第十二届全国美展；
湖南省油画学会年度作品展，获银奖（最高奖）

2015　江南如画·中国油画作品展（苏州美术馆）；从心出发·湖南省第七届油画展（湖南高地美术馆）

黄于纲 洗脚 120×150 布面油画 2013

黄于纲 带囍字的镜子1 40×40 布面油画 2014
黄于纲 带囍字的镜子2 40×40 布面油画 2014

黄于纲 打盹儿 40×40 布面油画 2014
黄于纲 求全的背 40×40 布面油画 2014

黄于纲 立冬 120×150 布面油画 2013
黄于纲 秋夜 150×120 布面油画 2013

黄于纲 打纸牌 120×150 布面油画
黄于纲 站在门口的求成 100×80 布面油画

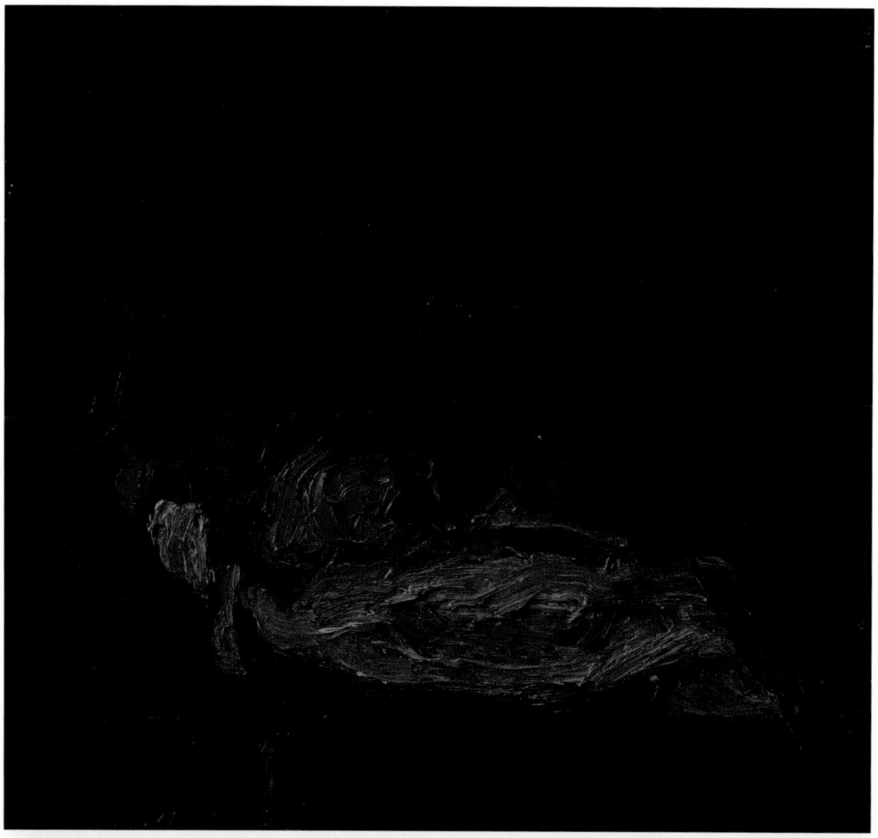

黄于纲 打盹儿11 30×40 布面油画 2013
黄于纲 打盹儿9 80×100 布面油画 2012

黄于纲 生病的秋燕 40×50 布面油画 2014
黄于纲 刚吃过 50×40 布面油画 2013

黄于纲 打盹儿6 30×40 布面油画 2013
黄于纲 剁猪草 30×40 布面油画 2013

黄于纲 烤火的求成 40×40 布面油画
黄于纲 打盹儿8 60×50 布面油画 2013

出湘·入湘
2016湖湘当代艺术邀请展
地点：长沙贺龙体育场
时间：2016.1.2-2.2
张卫 银小宾 文鹏 石强 马建成 刘汉军 李奇安 蒋华君
周巧云 岳敏君 吴德斌 王华祥
朱冥 张方白 杨劲松 魏光庆
邹建平 张仁芳 易斌 文菁

焕象

闫博个展

地点：央·美术馆
时间：2016.1.15-3.6

杨缤 烛 120×80 布面油画 2015

刘建新 麦盖提·夏日的晚风 135×180 布面油彩 2014

建新先生是新疆油画艺术界举足轻重的人物，在全国也有着一定的影响与声誉，多年以来将艺术的触须深植于西域的人文风情之中，不仅创造出许多隽永流连耐人寻味的画面，而且带动新疆油画艺术的有力发展。风景、人物、静物，三者皆擅，务实求真，创作丰厚，赢得理论、创作以及市场三界之认可。其笔下的人物造型生动，着色鲜活，遵循油画艺术表现技法的同时注重民族风情的汲取，形神俱备，在整个疆藏题材的画家画作中，堪称佼佼者。

商亚东 花儿为什么这样红 180×180 布面油彩 2013

曲湘建 田间地头 60×80 布面油彩 2015（局部）

天天向上

2015年度名师提名展

地点：北京筑中美术馆

时间：2015.12.20–2016.1.24

胡昌苪　霍广录　韩维娜
胡勤武　涂　曦　陈明华
黎独清　唐箐檐　朱湘闽
张海君　施　祥　徐　升
王　爽　赵文悦　张　爱
黄立言　田中锋　彭　斯
于艾君　林天禄　吴建棠

陈明华 红船NO.1 80×100 布面油画 2012

朱志娟 屋顶外 纸板丙烯 52×38 2014年

拓之·蒋焕新作展
地点：今日美术馆
时间：2015.12.6-15

[预测]2011-2020这十年，最受市场追捧的人之

先辈十杰（上）

常玉

[凤池观察]

大起大落，没什么，哪几个牛B的家伙不这样；我行我素，当然了，要不有这一点点的恪守，还能玩艺术吗？活，要过；画，要画，那是两码子事，选择它就要爱它尊重它，即便纵容它。一个身前富有、身中没有、身后巨有的艺术大家，指定逃不过世人各式各样的说道，可贵的是，起落后没有落下去，行素后没有荤下去。这是常玉，伟大的常玉。

[各家评述]

常玉画了那么多盆景……由于剪裁形式的构成的完整饱满，浓密丰厚的枝叶花朵往往种植于显然不成比例

常玉 入浴 131×82 木板油画 1950年代

的极小花盆里，有人慨叹那是由于失去大地，只依靠一点点土壤成活的悲哀……我觉得常玉自己就是盆景，巴黎花圃里的东方盆景。(吴冠中)

常玉的作品在西画范畴里无法被归入任何一类，他的画作有别于一目了然的文化个体。常玉整合了他所认知的西方观念与中国美学的含蓄沉静，以一种国画式的表现来诠释传统西方的主题。(衣淑凡)

常玉以不同的力道施展于线条、色块与线面的安排，精准而纯净地勾勒出蔬果的样貌与立体感，充满智慧与技巧。瓜果在桌上摆置的方式饶富趣味，它们若不是静止地立于桌案上，而是兀自像有生命似的环绕着彼此，顾盼生动，围绕成一个圆形。当中粉红、青绿、黑灰与褐色相间的色彩谱出生命的跳跃音韵，活泼流畅，生动地标志了常玉卓绝突出的艺术语汇。其间线条透露出艺术家深厚的书法底蕴。凭借简洁、绝对、肯定的下笔，常玉将对象的形貌、架构与精神一一显现，流露出大家风范。(苏富比)

常玉所塑造的玫瑰风景，忽视质感及造型的准确度，忽略体积量感，摒弃准确色调，却运用东方水墨传统绘画中朱色款识与水墨黑色的和谐，以粉红及墨黑构成画面唯一的符号意象，是常玉突破东西绘画传统，实现现代东西绘画融合的表现方式，也是他以东方人文绘画，自成西方符号意象的结果，展现以物寓情，寄予心中“见山不是山”的人文情怀。

常玉是中国首批赴巴黎求学的艺术家，在其同侪（如林风眠）纷纷归国之际，他却选择留在巴黎继续学习全新且颠覆的现代主义绘画，亲历该新兴艺术风格从酝酿到发展成形，直至第二次世界大战结束。与他同期旅法的艺术家们均选择了西方绘画媒介——油画，且在风格上受到了印象主义及其衍生流派的影响。在旅居法国的几十年间，常玉的画风几经蜕变。他并不满足于简单的形式上的借鉴，更关注对现代风格精髓的捕捉。在艺术上的进步赋予他在绘画主题上的独特视角。他在不改变绘画技法的基础上，转而发掘以不同的方式看待事物的潜力。有些作品甚至受到了摄影技术以及摄影作品中的不同角度的影响和启

发。常玉的绘画将中国传统意象与巴黎先锋艺术等多种流派的前卫概念相融合。(罗芙奥)

常玉是中国早期旅法画家流亡在域外的一个典型的悲剧人物，是中国式的莫迪里阿尼，他同时又是一个为自己艺术信仰而自由创作、成就斐然的绘画大家。时光荏苒，珠玉蒙尘，吾辈拂拭有责，赋珠宝于重辉，常玉是一颗不可湮没的东方明珠。其背式女人体，特点独具，画中的女人有的独眼视人，若有所思，有的欲言又止，眉宇间还夹杂着冷眼相观、不屑一顾的神情。有的作品里女人体的青丝发髻最为招眼，体态含羞带怨，颇有作者“不可向人语，独自暗神伤”的自怜情态。

常玉 红毯双美 101×121 木板油画 1950年代

常玉 白瓶内之海芋 55×33.2 布面油彩 1929

林风眠

[凤池观察]

西风东渐，那是一个口号；中西结合，那是一种探索；国立院长国艺院长那是一种责任。一生讲究艺术又以自己之所学开辟中国艺术天地的这个老人，不管国家多难自己多艰总坚守在精神乐园的这个品质就是等闲弄技者无与比拟的：好艺，必然的；好人，自然的；好市，当然的。

[画人妙语]

艺术之原始，系人类情绪的一种冲动，以线形颜色或声音举动之配合以表现于外面。斯宾塞谓艺术之原始是游戏，游戏是人类情绪上的一种冲动，这倒还说得下去；若谓在下等生物的生命里许多力量全消失于生命之维持和继续，人类却在此项要求之外还有余力而产生艺术。这种论调把人类与其他动物产生艺术的分别点，立论在剩余之时间上，且以此解决人类有产生艺术之可能，其他生物不能产生艺术，其理由很有可以讨论处。Schiller谓鸟之歌唱，不独是一种欲求的呼叫，其他如各种动物中有艺术创造之能力者很多，果由剩余之时间而推论我们家中的家畜，其生活之力量全不费力，我们可否希望这类家畜，将有艺术上之创造。这是事实上绝对不可能的。艺术是情绪冲动之表现。但表现之方法，需要相当的形式，形式之演进是关乎经验及自身，增长与不增长，可能与不可能诸问题。人类对此两方面比较完备，在表现方法上，积成一种历史的观念，为群体之演进，个体之经验绝不随个体而消灭的。

西方艺术是以摹仿自然为中心，结果倾于写实一方面。东方艺术，是以描写想象为主，结果倾于写意一方面。艺术之构成，是由人类情绪上之冲动，而需要一种相当的形式以表现之。前一种寻求表现的形式在自身之外，后一种寻求表现的形式在自身之内，方法之不同而表现在外部之形式，因趋于相异；因相异而各有所长短，东西艺术之所以应沟通而调和便是这个缘故。

[专家说法]

仕女是其理想之寄托，投以圣洁的情怀。他的仕女画吸收了马蒂斯和莫迪里阿尼的写意处理手法，戏曲

人物又吸收了民间皮影和木板年画造型的趣味，看似简约不经意，实质上林风眠将人物也仅仅视为组成画面的一部分，起到与道具相同的媒介。虽然林风眠极力摆脱传统可以舍，而勾不可以失。线条简单、阔笔墨块。表现恬静的荒寂的自然景物。他笔下的女子既有汉唐仕女的古典风韵、又有马丁斯的轻松优雅、与画家宁静而又神秘的艺术灵魂和坎坷浪漫的艺术人生是一致的。像人间一个最深情的淑女，当来人无论怀着何种悲哀的情绪时，她会使人得到他所愿意得到的那种温柔和情怀，而且毫不费力。

现代艺术重视从生活中发掘题材，京剧的历史长达百年，亦是清末民初风靡全国的文化活动，集小说、韵文、歌唱、音乐、戏剧、舞蹈于一身，京剧剧目更凝聚了中华民族数千年的历史与传说，体现深刻的文化价值，其于中国之重要性，有如莎剧之于英国，或歌剧之于意大利。林风眠以京剧为绘画主题，传承国粹的用意不言而喻：20世纪50年代年代开始，写实主义被官方推崇一尊，林风眠所提倡的现代主义，陷入前所未有的困境，而此起彼伏的政治运动，亦让他感到无法畅所欲言，因此，透过大众喜闻乐见的京剧人物，以曲笔抒发胸中块垒，表达他致力传承的忠孝节义的民族精神。

林风眠 渔获 56×76 油彩画布 时间不详

林风眠 白蛇传 58.5×46.5 油彩画布 时间不详

徐悲鸿

[凤池观察]

中国之现代艺术，徐悲鸿功不可没；中国之油画艺术，徐悲鸿功不可没。第一，先生是中国美术，尤其是现代美术最重要的教育家，而后是艺术家，再各式各样的声名之角。

[画人妙语]

古法之佳者，守之；垂绝者，继之；不佳者，改之；未足者，增之；西方画之可采入者，融之。

[专家说法]

精深华妙，隐秀雄奇，独步中国，无以为偶。（康有为）

徐悲鸿油画的精湛技术，在于他继承西欧古典艺术严谨而完美的造型传统，并摄取印象主义对光、色的发现，使之完美地结合。徐悲鸿油画色彩上的造诣表现在：其一，能洞察物象暗部色彩的差别，突破古典油画以棕色或是素描深浅表现的局限，能画出景物丰富细微的色彩感和响亮的透明感，他的色彩能发出共鸣与响声。其二，不用别人的眼睛观察对象，而是真正打开自己的眼睛观察世界，因此，其色彩能够随千变万化的对象而变化，时有创新、时有发现，而不是以不变应万变，这是通向创造与更新最可贵的技巧，是现实主义最基本的硬功夫。他掌握了这套真本领、硬功夫，将油画这一外来画种移植到中国土壤，为油画民族化，开辟蹊径。其三，徐悲鸿在油画色彩的探求中，始终与严谨而完美的造型相结合，形与色的完美结合，其难度的系数是很大的，而攀登油画技术高峰必须克服这个高难度。其四，能够敏锐地区分物象明暗

交界线过渡到半调子之间的色彩细微变化，这个地带的转折变化是微妙的，又是光线转折的脊梁骨，是决定物体质感和色感的关键部位，如不对之认真观察研究、分析综合，下一番苦功，是不能觉察和表现出来的。(冯法祀)

徐悲鸿一生创作了大量表现女性题材的优秀作品，这构成了画家艺术创作的重要方向。但是与中国传统的“仕女画”或“美人画”所不同的是，徐悲鸿笔下的女性不再是弱不禁风的女子形象，也不纯然为男性视野下的闺阁尤物，更不是某种特殊嗜好、趣味的刻意投射。像在《琴课》中，是对女性生活的现实性表达；而在《箫声》中，画家更是通过对女性美的有力塑造，提升为一种更经典、更抒情、更有意境的画面传达。因此徐悲鸿关于女性题材的艺术创作，既在形象塑造上一扫明清以来的颓势，又在国画、油画等各种媒材的整体表达上创造出新。

徐悲鸿 月夜 尺寸不详 油彩画布 1937

徐悲鸿 浴 94×61.5 油彩画布 时间不详

潘玉良

[凤池观察]

世人多多感叹你身世的凄楚与传奇，我更赞叹你睿智的抉择，你硬是把一个崎岖走成平坦，把黑暗走成光明。还让无数须眉们汗颜，不怪陈独秀、徐悲鸿等这些大腕名流对你赞许有加。

[专家说法]

余识玉良女士二十余年矣，日见其进，未见其止，近作油画，已入纵横自如之境，非复以运笔配色见长矣，今见此新白描体，知其进犹不止也。以欧洲油画雕塑之神味，入中国之白描，余称之曰新白描体，玉良以为然乎？（陈独秀）

夫穷奇履险，以探询造物之至美，乃三百年来作画之士大夫所不能为者也。（徐悲鸿）

潘玉良在创作上主张提炼东西美学精髓，企图自然地合璧中西，她一方面由印象派与野兽派风格中取得开放的色彩灵感，表现在油画上，用色奇丽、大胆奔放，并融入了变形的手法；另一方面她将东方水墨绘画中，最富生气的线条与韵致，融入西画的创作中，她笔下的线条时而刚强有力，时而俊逸优雅，此刚柔并济、运用得宜的掌握功力，为她赢得“铁线玉良”的美誉。（苏富比）

潘夫人应新时代的潮流迈进，而绝未改变其对艺术的见解，独立于具象与抽象两派之间，她用中国书画的笔法来描绘万物，对现代艺术已作出丰富的贡献。（叶赛夫）

潘玉良，当代能使中西艺术融合的少数中国画家中的一位杰出的榜样。（苏利文）

不过她没有像同窗徐悲鸿那样走上写实的古典主义艺术之路，而是选择了自印象派开始的现代主义艺术切入，这与她在国内受到的新式教

育和法国留学期间巴黎浓郁的现代主义艺术气息有着密切的关联。其中雷诺阿和德加对她的影响十分深远，简洁流畅的线条以及高度概括的美感，成为潘玉良一生的艺术追求。（中国嘉德）

女性主题，尤其是裸女，对潘玉良蔚为重要，按现存画册统计，占其作品总数一半以上。当年潘玉良在中国放弃教席，即是不满于当时社会风气保守，对她推广裸体绘画百般阻挠。她在巴黎坚持创作裸女，其实是她对于艺术原则之坚守。潘玉良笔下的裸女千姿百态，其主旨远不止于呈现人类躯体的自然美，而是借着身体的赤裸，表现对生命与情感的坦诚：她们具有丰沛的生活感，当中有的悠闲憩息，有的出神遐思，有的对影自怜，有的在海滩嬉玩，有的渴望爱情，有的彰显母爱，构成多姿多彩的完整系列。（苏富比）

潘玉良作为民国初年少数接受现代美术教育的女性，也是致力于中西艺术融合并取得突出成就，享有国际声誉的艺术家。她是中国现代艺术的先行者之一。作为艺术史最具传奇色彩，且成就最高的女性艺术家，潘玉良以其“中西合于一治”及“同古人中求我，非一从古人而忘我之”的艺术主张和独具东方韵味的创作，在中国早期油画艺术大家中树立了不可撼动的地位。（北京匡时）

潘玉良 扇舞 53×65 布面油彩 1955

潘玉良 裸女 46×38 布面油彩 1951

吴冠中

[凤池观察]

世人有关于吴冠老的说法文章何止万语千篇，再有新的评论，确实不易。不管是说中西结合，还是说探索艺术的民族化，我都钦佩老先生“画自己的画，走自己的路”，西法中法，又有什么可讲究的呢？哪里水土不养人，关键是水土要服。

[画人妙语]

艺术是自然形成的，时代一定会有真诚的挽留和无情的淘汰。艺术市场是一面镜子。但上帝只会关照一心去创作的画家，而不是关照爱照镜子的人。如作品中绝无抽象，不写意，那便成了放不上天空的风筝。但当作品完全断绝了物象与人情的联系，风筝便断了线。我探求不断线的风筝。

[专家说法]

回望20世纪的中国艺术，在她风云变幻的长卷之上，交织着东方与西方、传统与现代、继承与拓展、全球与本土、为大众与为艺术等诸多论辩与歧争。能够从实践到理论都全面地响应这些问题，并以自己的充实而持续的艺术成果去敲击时代音响的，吴冠中先生是最突出的一位。这不仅因为他的纵贯上世纪后70年的艺术生涯隐含着中国当时社会与艺术关系的整体变奏；也不仅因为他是近二十年国际上广泛被重视的，最具代表性的中国艺术家。重要的是他对水墨与油彩的双向“出击”，实践与理论的双重话语，将几代人打通“中西”的努力，真正意义上地揉捏在一起，化合为一个“人”的一体的东西，并呈现给我们日常观照中可资亲近的生机和生意。（许江）

吴冠中先生的绘画的确是一个清丽自由的世界。他的水墨无论是粉墙黛瓦的江南人家，鲜花野草的小窗即景，还是虬曲腾转的古松高枝，垄高坝长的北原风景，都给人一种清新放怀的感觉。画面上那些游丝，那些韵点，仿佛在不经意间点染成某种形象，自然界的物形经由这些不期然的点染，萌生着简约隽淡的气息。他的油画时而浓郁苍润，时而奔放用力，那一次厚堆而成的老树浓郁，那飞刀切刮的荒原冷月，都以平淡朴直的风格感人。无论是水墨还是油画，吴先生的画中都充满着一份平淡的诗意。“平淡”在中国传统

的视觉文化中是一种重要的品格，它的思想来源可以追溯到悠远的庄学和禅学，其实质是天真与天然，是出于性情的自然。“自然”在老庄那里代表着道创生万物，却无创造之迹，一若万物都是自己创造自己的意义。如何在绘画上让人的性情得以自然流露，这是中国艺术家始终思考的问题，也是当代中国艺术突破画种、古今、中外的分置格局，来思考发展的根源性的落脚点。（北京翰海）

吴冠中早年在杭州艺专师事林风眠、吴大羽、潘天寿等一代宗师，复以全国首名成绩考获公费留学巴黎，他对于中西艺道涉猎至深，及至归国以后，虽然饱受生活之苦，却也让他走出学院，感悟自然与民间之至美，结合已有之学，成就更高境界。（香港苏富比）

油画民族化的创作因为吴冠中的大力提倡而使得这一西方绘画题材可以用来尽情表达极富诗意的中国山水，在吴冠中的画面里正有着这种诗意的表达。早春的气色本来就被无数诗人用心描绘过，而吴冠中将这一切都搬到了画中，他独特的笔墨技法运用使得春天的感觉跃然画布。让人恨不得径直走入他的画里去感受春日暖阳。（丁亚雷）

吴冠中 漓江岸 30×40 木板油彩 1976

吴冠中 夫人画像 73×54布面油彩 1962

忻东旺艺术思想系列（3）

写实油画的意象表达

——忻东旺艺术思想系列之三

文/忻东旺

当代中国美术学院的油画教学基本上是在沿革至五十年代以来建立起来的苏派体系的基础上，各院校又依各自的师资对艺术的见解，从欧洲古代及近、现代艺术中挖掘油画乃至视觉艺术的深度与广度，大致都是在相同的平台上各自的生发。唯独清华美院的艺术传统却不在此列，我院老一辈艺术家们融汇中国传统艺术与西方现代艺术于一炉，创立了具有中国文化现代精神的艺术格局，这是非常珍贵的一笔“遗产”。但是终因在中央工艺美院时代绘画专业的建制没有相应的规模而难以形成系统、可传承的教学体系。至我院成立绘画系以来，又由于师资从各地的引进，更难以形成具有共识的教学体系。

我个人的实践探索和艺术认知坚信中西融合是中国现代绘画艺术

忻东旺 伤疤 80×65 布面油彩 2009

的唯一途径。所以我多年以来，一直探索“写实油画的意象表达”，我认为写实油画对于中国绘画艺术无论是出于何种原因，都已成为历史的必然，是中国现代绘画史上不可分割的重要部分。但是无论是苏派、还是欧洲写实体系，都是以客观体量为准绳的，这也成为19世纪整个西方写实艺术没落的囹圄，如此她更与中国艺术生命中的意象造型精神相去甚远，因而西方写实体系始终与中国艺术的血脉难以相融；所以长久以来形成油画和中国画的泾渭分明。这在很大程度上限制了中国现代绘画发展的进程，使得这两个画种都处于相对的保守状态。我认为只有打破“写实”与“写意”的壁垒，才是中国现代绘画造型的出口。

意象造型，不止存在于水墨文人画中，在中国传统雕塑中体现得也尤为真切。这很大程度上给“写实油画”提供了直接的启发，同时写意表达意识从造型意趣和塑造表现上是追求形体潜在运动、力势的主动感受，而非客观视觉表象存在。这就使得 艺术从根本上摆脱了“自然主义”的束缚，进入艺术表现的主动境界。面对写实约束的瓶颈，我们借用西方各种派别和观念，以突破写实之外的艺术渴求。无论是什

么“主义”，这都是西方理性思维的逻辑，而中国艺术的意象精神则可以包罗万象，什么方向的探索都可以从此生发。

因此在教学中，我倡导学生写实不是画视觉中的真实，而是捕捉事物内在自性的真实。启发学生感受物象之态、之势、之韵、之情，以见绘画的“真容”---即形式。从物象到形式的蜕变是绘画的体格形成，再由形式充满可感的生命才能使绘画住有灵魂。而视觉中的真实只是内在真实的表皮和外衣与包装，画表是为了及里，那么及里，就必须理解和感受物象内在的蕴含，而这种内在的蕴含又是主、客观的反映，是画家发射出一种具有生命体验之“波”，才会得到相应的反馈，这就是所谓的感受力。再通俗地讲，我们向物体投向视线，会得到图像，如果我们向物体发出心波，则会应证心象。总之，艺术之真实并非自然之真实，这是再浅显不过的道理。但是，真能做到却要开发我们的心性和摆脱固有的写实观念，这就是我的教学主张和艺术实践的方向；我希望通过努力使中国意象精神的美学原理自觉地融入到中国现代造型的教学体系中，这将是中国造型艺术真正获得尊重的基础。

忻东旺 诚城 150×160 布面油画 1995

忻东旺 微笑 70×50 布面油画 1993

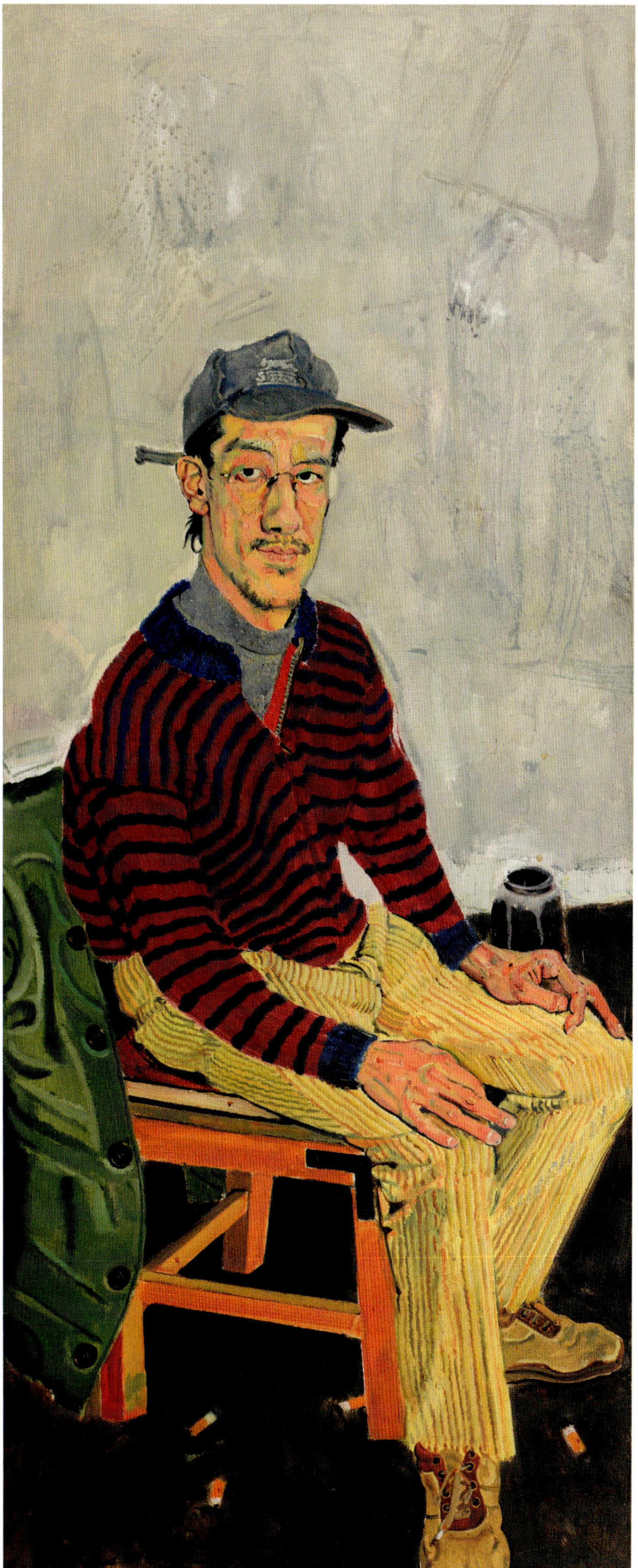

忻东旺 眸 80×65 布面油画 1999

忻东旺 境地 160×65 布面油画 2000

2015中国写实画派十一年展

展览名称：2015中国写实画派十一年展
展览时间：2015/11/15~2015/11/30
主办单位：中国写实画派、北京1+1艺术中心、天津美术馆
协办：北京市文物局、吉林美术出版社

参展艺术家：
陈逸飞 艾　轩 杨飞云 王沂东 陈衍宁 徐芒耀 何多苓 刘孔喜 袁正阳 郭润文
王宏剑 朝　戈 张　利 龙力游 夏　星 李士进 王玉琦 徐唯辛 郑　艺 翁　伟
忻东旺 庞茂琨 冷　军 殷　雄 石　良 李贵君 张义波 朱春林 王少伦 徐青峰

探寻一条让艺术回归本源的道路
——序

文/袁正阳

我们对历史能够看多远，对未来就能看多远，对历史能够看多清楚，对未来就能看多清楚。对过去的态度决定我们未来的目标。

中国写实画派已经持续了11年，而有记载的写实绘画已逾千年，人类对绘画的兴趣更是与生俱来。在经历了近百年的现代主义和当代艺术的革命运动后，写实绘画依然存在，说明立新不一定就能破旧，尤其是源于人性又历经时间洗涤的传统与经典，不是靠码些文字就能让其消亡的。时间可以是消解剂，也可以是凝固剂。那些在历史的进程中能够凝固下来的艺术精品，往往有高超的绘画技术和丰富的情感，粗制滥造的糟粕自然会慢慢地被消解于无形。在现代主义和当代艺术的运动中产生的万花筒般的各种说辞，让艺术穿上各种“主义”、“思想”的外衣；缺少学术底蕴的理论将绘画与图式、图像的概

王沂东 瑞士黛堡雪景 30×60 布面油画 2015
冷军 场景写生之三 40×80 布面油画 2015

陈逸飞 藏族人家 204×185 布面油画 1995

念混淆，误导观众。中国写实画派画家对此有着清醒的认识，他们清楚现当代艺术和绘画毕竟是两种形态的艺术，前者是需要文字堆砌的想法和意图以及观念，而后者是用手绘的方式直接呈现的艺术。中国写实画派的艺术家用他们的艺术实践证明绘画的精神血缘是靠不断创造出来的优秀作品得以延续的，这是他们创作与生存的目标。存于我们躯体的时间很难超过百年，而存于优秀艺术作品里时间却会延绵千秋。

2015年是中国写实画派新的十年的起始，在这一年，几位画派成员获得的艺术荣誉值得记载：今年四月，艾轩获欧洲议会颁发的欧洲之星奖章和国际和平艺术家联盟东方骑士勋章；郑艺获国际和平艺术家联盟东方骑士勋章；王宏剑获第50届佛罗伦萨国际缪斯奖Erato艺术奖；十月，王宏剑、杨飞云、朝戈当选意大利艺术研究院绘画院院士。有着450年历史的意大利艺术研究院汇集了包括米开朗基罗、提香、卢西安•佛洛依德、琼斯、基弗、里希特等古今世界级艺术大师。此外，画派成员陈衍宁三次受邀为英国女王等多位皇室成员绘制肖像。这些荣誉是对中国写实绘画的充分肯定和推崇。同时也表明在欧洲当代文化的进程中，有一个较之现代主义更为包容和极富生命

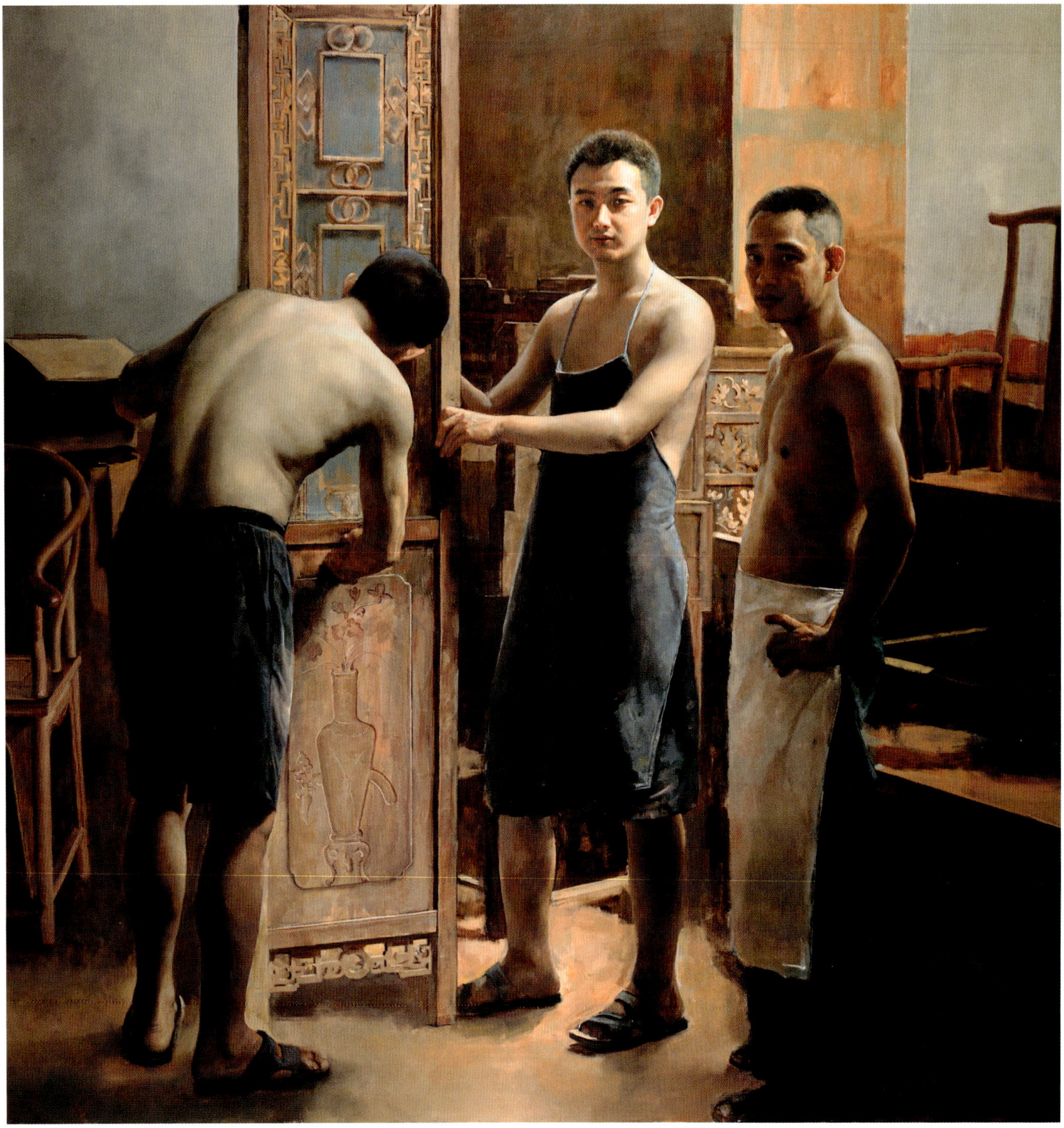

力的文化传统，这个传统才是欧洲乃至全世界社会文明的核心价值。

历史的诡异往往会让许多角色在现实的编排中相互置换，革命者变成被革命者，新潮也会因为成功变得固步自封，拒绝前行，资本的特权会给艺术添彩也会让艺术蒙羞。在这些学术和利益混杂的艺术堂口，艺术家似乎很难独善其身。中国写实画派成立的初衷就是要摆脱这些困扰，他们志同道合，以人性为指南，用特立独行的意志和日臻成熟的绘画技术，努力探寻一条能够让艺术回归本源的道路。

袁正阳 手工者的肖像之三 180×180 布面油画 2015

徐芒耀 鼓手 160×100 布面油画 2015

论“写实”之趣味

文/常磊

陈衍宁 毛泽东与杨开慧(局部)布面油画 2011

“Taste”,即趣味,它的本义是指味觉。后来很多人用这个词来描绘一种通感,使其成为一个经常被用来描述感觉的术语,泛指鉴赏之情趣。在西方美学和文艺理论的发展过程当中,鉴赏趣味之认同始终无法达成统一,因为趣味之优劣判定是见仁见智的,并无可参照之绝对标准。西方美学史和艺术史上只要有人谈到关乎艺术的趣味问题,往往只能流于外围的模糊描述,很难避免个人管见。所以关于艺术和美的趣味,在绝大多数西方学者看来属于无法诉诸逻辑的感觉范围,是属于非理性的审美体验。正是因为趣味的非理性和非逻辑,所以它使用界限很模糊,在近现代的知识领域得到确切分类之前,“趣味”的使用就更加混乱。在文艺复兴时期,“趣味”已经成为审美评价的常用

词语。在18世纪，西欧学者之间曾经有过一次关于“古今比较”的争论。就古今优劣进行比较，经过数十年的争论，最后使得近代知识领域完成了最大的分类，也就是艺术与科学的分类。得到的结论是：凡以数学为基础的学科，今胜于古；凡以个人趣味为判定基础的学科，则古今优劣莫辨。因为审美判断完全来自于个人趣味，所以“趣味”也由此成为审美艺术领域的核心范畴。

英国哲学家休谟说：“趣味无可争辩。”言下之意就是趣味的判断是属于纯粹的个人审美选择，无关乎客观的标准。艺术家的创造源自于个人趣味，而观者的鉴赏亦源自于个人趣味。每一个独立的个体都有不同于其他个体的趣味。休谟此论也常常被人引用，几乎已经成为谚语。的确，趣味具有相对性的一面。因为个体的人由身体或心灵的快感而获得美的享受，不同的个体对于快感的判断是有差异的。同一事物可以引起某些人的快感，但也会引起某些人的痛苦。不同的时代和个体的知识背景不同都会引起趣味判断的差异，但这只是描述“趣味”相对性的一面，因为休谟也说过“尽管趣味是变化多端的，难以捉摸，终归还是有一些普遍性的褒贬原则；这些原则对于一切人类心灵感受所起的作用是经过仔细探索可以找到的。”因此，尽管艺术趣味含混模糊，但“终归还是有一些普遍性的褒贬原则”。因此，对于趣味的判断而言，还是有一些隐约可以追寻的共同规则，这些共同规则就是人类精神内在原始结构的一致性。历史上的很多杰出的文艺作品之所以能够历久而不衰；之所以有令人高山仰止、千古留名的宗师；之所以异域的文艺同时也能为毫无交流的其他民族所喜爱，正是因为趣味的判断有某种共通的规则存在，这大概就是康德所谓的“无目的的合目的性”。15世纪的德国画家丢勒在他的著作《比例四书》里面也谈到过美的绝对与相对的问题，最终丢勒以为，美的判断还是有一个相对客观的标准，在划定这个标准的时候，丢勒区分了普通人和专家。他认为对于艺

忻东旺 六哥 40×30 布面油画 2012

庞茂琨 镜花缘之五 120×160 布面油画 2014

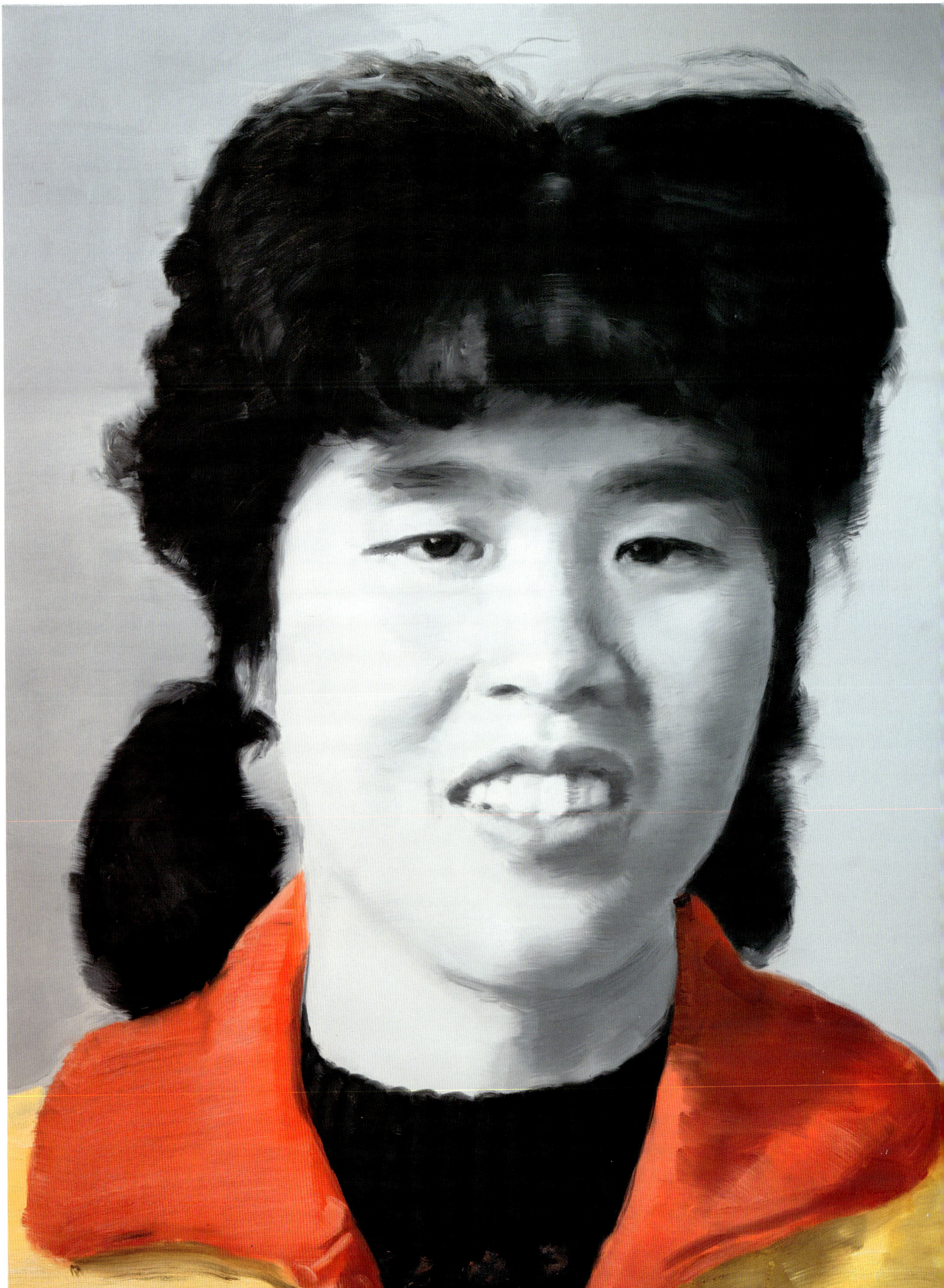

术的趣味判断来说，受过专门训练的专家比普通人更加敏锐、更有发言权，但纠其终极，即美感来自于何处，只有上帝知道了。

“写实”绘画作为艺术，它的品评也是基于趣味的基础。无论是艺术家的创作还是观者的鉴赏，均离不开趣味。绘画所引起的趣味是视觉赋予受众一种心灵的整体体验，是对象的结构形态在人的心灵中激发的某种情感效果。影响趣味判断的因素比较复杂，“写实”油画的视觉品评可以从逻辑上演绎为两个部分，也就是属于自然的部分和属于纯粹形式语言的部分。当然，在现实当中，无论体现在艺术家的创作过程当中还是体现在观者的事后欣赏当中，自然与形式是事实上的一体关系。之所以能够分而论之，乃是因为逻辑演绎的方法，也就是说它只是存在于视觉思辨的过程当中。“写实”绘画视觉趣味即由这两个部分综合而成。或者说，自然的部分是属于“实”的部分，而语言的部分则是属于“写”的部分。对于“实”的自然部分而言，理解起来并不困难，依靠不经训练的直觉判断即可做到。普通人亦会拥有这样的直觉来判断绘画“像”或者“不像”，普通人对于“写实”绘画的判断一般而言会首先基于再现自然的程度。这是判断造型艺术和判断其他艺术不同的一个地方。“写实”绘画以极其强烈的直观形式感召观者的视觉，使其在两维的平面里产生三维之幻象。于是，在“写实”绘画发展的早

徐唯辛 郎平 250×200 布面油画 2015

王玉琦 少女肖像 69×57 布面油画 1988

期，绝大多数人把再现的程度当作了品评“写实”绘画趣味的标准。这样的认识既存在于学者当中，也存在于艺术家当中。法国文艺批评家狄德罗曾经说：“如果认真仔细地模仿自然，就不会有什么矫揉造作。”安格尔说：“造型艺术一直到它酷似到造化这种程度，以致把它当成自然本身时，才算是达到了高度完美的境地。”

由此可见，无论在艺术家还是在哲学家的理性认识里，“写实”绘画的一个趣味标准，也是一个重要的标准，就是真实地再现自然。在“写实”绘画发展的历史过程当中，对于是否能够真实再现自然这一判断标准历久弥新，始终以理性的或感性的方式来左右观者和艺术家。从西方绘画的源头开始，艺术家的创作动机就是在努力接近真实的自然，就绘画的接近自然而言，相对于绘画的其他因素要理性和科学。应该说，绘画的科学严谨的一面主要就是体现在再现自然的技术语言和技术手段上。甚至于，在理性的层面，很多人竟然把对于自然的再现当作了绘画或者“写实”油画的全部任务，也把再现当作全部绘画意义之所在，所以，在很长的一段时间里面，判定绘画的优劣所在被错误地定位在绘画接近自然的程度，亦即再现在感觉上的逼真度。这也是达•芬奇认为“绘画是一门科学”的原因。在文艺复兴之前，正是因为绘画中的这些理性和技术成分的某种意义上的误读，绘画没有被当时的主流文化认同为“自由艺术”和“美的艺术”，而只是被看作工匠的技艺，在艺术分类中，绘画不幸被划入“机械艺术”的行列。文艺复兴之后，与“写实”绘画相关的科学成分，例如人体解剖学、透视学、材料学等已经发展得比较完美了。意大利建筑师阿尔贝蒂著《建筑学十书》和《绘画三书》，第一次系统地把透视画

翁伟 飘向远方的那一片红云 130×146 布面油画 2015

郭润文 男人躯干 100×50 布上油画 2013

法理论化和系统化，达•芬奇著《论绘画》进一步完善了透视比例以及光影色的理论，丢勒在1525年出版《测量教程》，三年之后又完成《比例四书》。因为人是绘画艺术表达的永恒主题，因此对人的再现似乎已经成为绘画史上考证画家水准的一根标杆。解剖学也就是在这样的传统上发展起来的。古代的画家因为对人体的解剖构造并不了解，所以在再现的过程当中总是出现这样或者那样的技术问题，使表现的人物形态偏离自然很远。解剖学的完备成为“写实”的重要辅助工具。透视学的成就则提供了由两维模拟三维的重要视觉技术，材料学的发展则为再现提供了表现的便利和保证。对于自然形象再现的程度和其他材质感的再现均提供了便利。

在欧洲近代画论当中，我们可以看到对于自然的再现以及相关的知识是何等重要。从近代欧洲的绘画教学体系及其完备的过程当中，我们也可以看到，这个体系的历程从某种意义上说，几乎就是对逼真再现逐步进行保证和完善的过程。还有一些人把这种涉及艺术本质趣味的东西关联到与主体的主观感受毫无关联的客观秩序之中，比如认为只要是符合某种比例或结构关系就找到了内部语言的实质。这种理解方式是把艺术简单化、公式化了，在这样的观念指导下艺术就有可能走向程式。18世纪德国美术史家文克尔曼盛赞古希腊艺术“高贵的单纯和静穆的伟大”。在他看来，古希腊艺术家善于把自然的美与“完善的美”合而为一，并且经常借助于从自然中观察到的美的形式，以之为依据制订出自己的规则。古希腊艺术家并不消极地模仿自然，而是通过理智的考虑，将从自然中抽象出来的“完善的美”的概念运用到自然之中，创造出理想的艺术形式。然而，如果把抽取出来的所谓“完善的美”当作公式来运用，那么无异于在遏制艺术的生命。例如古希腊古典时期的雕刻家波留克列特斯著《法则》一书，论述创造美的法则，书中将人的头与躯体的最佳比例定为1∶7，雕刻家留西波斯随后又将这种最佳理想比例修正为1∶8。法则化的结果是规定了艺术的活力与生命，波留克列特斯的作品比起同时期的菲地亚斯远为逊色。所以，文克尔曼所说的“完善的美”并非简单的美的特征的综合，把所有的美的量化的特征综合到一个典型对象身上，因此“完善的美”并非法则，它留给人的最终还是意会的空间。

构成“写实”绘画审美趣味的另一个逻辑成分是纯粹的形式语言。它包括“外形式”和“内形式”两个部分，前文已述，在具体的作品当中，自然与形式其实是一体的关系，而审美意图在两维平面的绘画语言中的实现不是依靠一种概念或原则的推导，而是具体的实践过程。而具体的“写实”形象的出现所依靠的就是纯粹的造型语言。某种意义上，纯粹语言的组织形式几乎可以成为“写实”绘画的优劣判定标准。对于语言的鉴赏力以及相关的趣味来自于一种非理性的、深层的审美判断。这与前面谈到的对于真实再现的判断不同，真实再现的判断力一部分来自于理性的辨识，而对于纯粹语言形式的判断力则基本上是非理性的。

早在18世纪，德国哲学家莱布尼茨就把认识区分为两种类型，一种是“清晰的”，一种是“朦胧的”；

张义波 遥远的地方 120×160 布面油画 2015

李贵君 迷香 100×80 布面油画 2009

一种是“明确的”，另一种是“混乱的”。明确的认识能力来自于理性逻辑，它可以清晰有效地把事物的关系展现出来，而朦胧或者混乱的认识则不具有这样的功能，它只能意会某种理性无法描述的情感，但不具有推理的功能。对于纯粹绘画语言的审美判断就属于这一类“混乱朦胧的认识”。阿恩•海姆说：“为了容纳各种各样的结构，人类心灵被赋予了两种不同的认识程序，即直观直觉和理智分析，这两种能力具有同样的价值，同样是不可或缺的。”艺术家乃至大众可以感觉到某件绘画作品赏心悦目，但却无法用逻辑语言来实质性地描述它之所以好的缘由。两千年以前，柏拉图就曾以“美是难的”来概括他对美和艺术本质问题探索的困惑。两千年以来试图揭示艺术与美的实质的探索者其实都面临着一种两难境界，即以理性逻辑的方式来探求理性逻辑无法描述的东西。纯粹绘画语言形式实质就是这样一种逻辑语言无法触及其实质的东西，理性只能围绕着它在外部徘徊，或者尽可能地去寻找一种通感，尝试着去触摸它。

17世纪后半期，在欧洲曾经有一场很多艺术家和评论家参加的争论。争论的两派各执一端，一派支持普桑的作品，一派支持鲁本斯的作品，而后又引申为形与色彩之争。其实这样的争论就是对于纯粹语言的组织方式的争论，本质上是对于纯粹语言的趣味歧议。应该说，对于纯粹语言的趣味是造成风格差异的主要原因，尽管都是以“写实”的方式来表现自然，但纯粹语言的组织和表达不同会造成绘画最终的面貌迥异。艺术史上的风格流派的形成可以说在一定程度上归结为对于纯粹

朱春林 长发女孩 160×130 布面油画 2014

殷雄 持陶罂的人 170×120 布面油画 2004

语言的组织方式的趣味差异，当然，造成这样的趣味差异的缘由是多样的，而不是绝对的，它也会随着文化和其他认识的转换而发生变化。美国现代著名的分析美学家尼尔森•古德曼在谈到这个问题时说：“写实”是相对的，是决定于某一特定时间内对某一特定的文化或人恰当的再现体系的，早些时或晚些时的体系或异样的体系都被认为是做作或拙劣的，第五王朝时期，埃及人认为正确的再现方法与18世纪日本人认为正确的再现方法不一样。此言诚然！由于纯粹语言的趣味造成了横向的风格差异，同时也是因为纯粹绘画语言形式的非逻辑性，致使很多艺术家甚至无法从理性的角度来察觉已经属于自身的审美判断力。所以在西方艺术史上才有如此多的大师只强调属于自然的造型部分，而忽略了纯粹的形式语言的认识。

当然，这样的忽略仅仅是理性层的失察，在对纯粹语言审美感觉的趣味方面，他们都极其敏锐。某种意义上，这也是他们之所以成为大师的缘由。所以17世纪的意大利绘画大师卡拉瓦乔说：“一个人如果能很好地绘画，很好地模仿模特儿，那么他就是一个很好的画家。”在理性的层面，卡拉瓦乔认为他之所以成为好的画家乃是因为他能够做到很好地模仿模特儿，但卡拉瓦乔并不知道他之所以被历史认可为宗师并非他能很好地模仿模特儿。因为能做到这一点的画家在历史上很多，甚至有一些三流画家比他模仿得还好。他之所以成为绘画大师是因为在他模仿模特儿背后的纯粹语言达到了足以被历史认同为大师的境界。18世纪英国皇家美术学院的创始人雷诺兹爵士最强调的是绘画理性的一面，但在他的艺术实践当中却恰恰相反：在实践中献身于威尼斯画派，在理论上又轻视它；在实践中忽略伟大的佛罗伦萨画家，在理论上却又将他们奉为楷模，这就是雷诺兹爵士的矛盾。此例也可以说明，深层的审美趣味多不为理性所察觉。从横向风格样式上的趣味并不能鉴赏“写实”绘画的优劣，“写实”绘画的水准判定主要还是依据自然形体背后的纯粹形式语言的组织所营造的审美高度，是一种主要依靠直觉的“综合审美判断”。

徐青峰 白玫瑰 87.5×100 布面油画 2015

刘孔喜 维吾尔族舞蹈演员 70×35 木板坦培拉 2011

中国美术馆

宁静致远·张祖英艺术展

展览时间：2015/12/13~2015/12/22
主办单位：中国艺术研究院 中国美术家协会 中国油画学会 中国国家画院油画院
展览地点：中国美术馆 1.8.9号厅

饱满而有意义的人生

——张祖英艺术展前言

文/詹建俊

我认识张祖英至今已近半个世纪，1967年由于正在建设中的北京地铁需要美术作品布置车站，当时我被聘为这项工作的组织者之一，他从上海分配到北京，正在为地铁画创作，于是就认识了。那之后又在筹备黄山会议及当代油画展等工作多有接触。到1985年中国美术家协会成立油画艺术委员会，我任艺术委员会主任，他任秘书长，从此，我们开始成为共同工作的搭档。1995年中国油画学会成立，2012年中国国家画院油画院成立，就这样，数十年来我们一直紧密配合，携手走到了今天。

我们兼职的以上这些机构，虽然所属部门不同，但是都是需要自筹资金开展工作的全国性学术组织，在这些单位中从寻找办公场地、招聘人员、制定专业发展规划到组

张祖英 创业艰难百战多 160×150 布面油画 1976

张祖英 古道·蔚蓝色的天空 100×80 布面油画 1990

织各种展览、学术研讨、出版推广等等实实在在事无巨细的所有具体工作，主要都落实到张祖英在承担，特别是在筹集赞助资金方面，工作尤为艰难。他为此付出的时间和精力，以及所经受的困苦和艰辛是可想而知的。面对这些开拓性的种种事项，我看到，张祖英凭着他对油画事业的热爱和自身理想的追求，以及所任工作的责任心与使命感，他持之以恒的在这份特殊的岗位上奔走奋斗奉献着他的精力和智慧，他的这种精神令人赞叹。

从根本上说，张祖英是一位出色的油画家。油画艺术才是他的最爱，追求艺术创造不断画出精彩的作品才是他最大的理想，因此长年以来在社会工作之外，他充分利用一切余下的时间专心努力作画，创作出了众多优秀的油画作品。张祖英是一位充满热情热爱生活又敏于

观察和思考的艺术家，1977年他就创作了至今仍受赞誉的《创业艰难百战多》陈毅元帅的肖像画，而这种有特定主题和情境处理的肖像画，成为了他所爱好的一个选题，他的一系列肖像画作品，如：《维族铁匠阿米尔》、《流浪艺人》、《来自中国的声音——宋美龄在美国众议院的演说》、《自画像》、《卓玛的世界》等作品都体现了这一特色。主题突出、情境鲜明，人物形象表现完好而富于内涵。给观众留下了深刻的感受。此外，张祖英还钟情于风景画创作，他遍访祖国长城内外大江南北，在山川碧水中获得精神共鸣和创作的灵感，他所作的“古道”、“江南”、“山”等各个系列风景作品，表现了他对自然景观和人文景观所具有的独特的诗情体验和精神表达。从他的一幅幅的油画艺术作品中，我们不仅看到了那些境界美好的画面，而且从中可以感受到他的内在精神和心灵之美。

张祖英作为热爱油画艺术，有才能、有成就的艺术家，为了国家油画艺术事业的发展而自觉牺牲个人艺术创作和美术研究与写作的大量的宝贵时间，而尽心尽力地投身于学术组织繁忙的工作中，这种勇于奉献的精神和使命感，使我十分感动，我认为张祖英的成就不仅反映在他的油画艺术作品中，同时，他的成就也应当反映在改革开放以来我国油画艺术事业的发展中。他的成就是多彩的。

如今，张祖英已75岁高龄，但是以他现在的状态，仍然活力不减有如英年，因此，我相信他将会不断创作出更加出色的油画艺术作品，继续绘出自己饱满而有意义的人生。

张祖英 大三八的诉说 140×120 布面油画 2001

张祖英 瑛子之一 53.5×43 布面油画 1991

张祖英 自画像 160×125 布面油画 2007

张祖英 江南春早 97×130 布面油画 2014
张祖英 侧坐的肖像 80×65 布面油画 1988

从写生到写意

文/杨尧

【编者按】杨尧教授的风景有几次明显的风格转变，我每每称其为华丽的转身，特别是近几年，同样都是走进大自然，而对捕捉到的目标，在进行取舍时更为“大手笔”，所运用的手法也逐渐削减写实的成分，增加写意成分，更多地变客观景象为主观意象，更大地拓展自由表现的空间，自由表现的程度，特别是在进一步挖掘研究后印象诸家对于“象”的理解之后，尤为强调节奏与情感的作用，强调虚与实的作用，所呈现出的画面生动感更强，意趣味更浓，同时给受众想象的空间更大，而这些大多都是在一次次的实地写生中完成完善，因而，他的感受是，从写生到写意。

“写生”，作为一种直接面对客体摹写的绘画方式是西方绘画的传统。从摹写的环境来说，有室内写生和户外写生，从摹写的对象来说，有风景写生、静物写生和人体写生，从摹写工具来说，有油画、水彩、丙烯、素描等等。

几百年来，西方画家一直将写生作为造型艺术重要的基础，并且把它推到了极致，产生了许多直接由写生而来的不朽作品。印象派的几位大师莫奈、西斯莱、毕沙罗等，他们把户外油画写生推向了巅峰，几乎达到了后人无法企及的地步。但就在印象派的形成时期，照相术发明了，印象派中的有些大师曾最早使用了这种科技成果。

利用影像的原理加强写生真实效果，还可以追溯到印象派以前的很多大师的作品。欧洲曾拍过一部关于维米尔的小电影，这部电影很详尽地描写了维米尔如何利用小孔成像原理，把肖像反映到画布上，再将画布上的影像勾勒下来，这样描绘的影像在把握对象的准确性上是毫无疑问的。我们虽然很难确定该影片所表现内容的真实性，但根据史料，荷尔拜因、丢勒、维米尔等大师级人物确实曾使用过这种在把控形体上准确无误的方法，我们似乎也可以说，在16到17世纪的欧洲画坛，使用这种造型技术，特别是用于完成肖像订货是一种十分普遍的手段。

西方写生绘画的科学性在文艺复兴以后不断发展。其中从影像小孔投影成像到利用照相技术，直到一百多年后的现在，照相由黑白发展到彩色，由胶片发展到数码，全方位地反映客体，越来越精确地捕捉客体的瞬息变化，绘画也借助这种现代化工具，产生了照相写实主义，超

杨尧 富港印象 60×80 布面油画 2012

杨尧 地道射击孔 150×190 布面油画 2013

杨尧 三亚三月 50×60 布面油画 2012

级写实主义等等，但与此相对应的直接面对客体的“写生”则日渐萎缩，虽然20世纪后绘画艺术观念的不断转变是其根本原因，但面对客体的直接写生，在照相术如此完美的当今，还有必要吗？人们不由自主地提出了疑问。

中国的西式“写生”，如果以当年海归派李叔同、颜文樑、徐悲鸿等回国办美术学校算起，至今还不到一百年，20世纪60年代中期，留苏学生的回国带回了大量的写生作品，对当时的油画界及其学子产生了极大的影响。对景写生如实反映客体的技术和技巧可以说已经十分成熟，那时候无论所谓创作和习作均从写生中获得，使用照片是不允许的。这种状况直到20世纪80年代，使用照片都被视为一种不正规的行为，唯有写生才是天经地义的正宗，但这正宗的藩篱很快被突破，到了20世纪90年代，使用照片、利用影像，已成加速度向前发展，并且“蔚然成风”。尽管传统的写生方式在美术院校仍然还是必修课，但在成名的画家中已不多见了，尤其是户外写生则少之又少。也许是基于这种现状吧，进入21世纪后我们回过头才发现，我们油画艺术中似乎少了某些东西。2005年左右，油画户外写生活动在全国各地滚动了起来，发展到今天，已聚集了一批对写生有浓厚兴趣的油画家，他们一方面积极实践，一方面相互切磋，并将西方着意观物的写生向富有中国特色的心悟写意观念转化。

记得在戴士和先生那年的个展上巨幅油画《金融街》《金山岭长城》就是写意创作的有意义尝试。油画家谢森说：“站在如此巨幅的大作面前，我不由自主地感到一种袭人的冲击力，画面笔触、色彩飞动，我感受到作者心灵的跃动，这是一种当代意识的临场写意油画。”在西方日渐式微的油画写生中，中国人却将油画写生转换成了油画写意，赋予了新的生命，从而也迎来了新的发展机遇。写意油画不但可以表现风景、静物，同样可以表现重大题材。

杨尧 地中海小屋 60×50 布面油画 2014

杨尧 武夷山庄 80×60 布面油画 2012

杨尧 卢沟晓月 190×300 布面油画 2013
杨尧 焦庄户地道 150×190 布面油画 2012

杨尧 海滨丛林 112×162 布面油画 2000
杨尧 冬日暖阳 60×80 布面油画 2014
杨尧 澳门东望洋教堂 60×80 布面油画 2015

海上丝绸之路·冯少协油画全球巡回展

展览时间：2015/5/25-
主办单位：马来西亚马六甲州政府对华商务投资委员会 中国广东省文化厅 中国广东省人民政府外事办公室 中国广东画院
展览地点：中国广州艺博院 泰国国家美术馆 马来西亚马六甲艺术馆 印度尼西亚雅加达东盟总部

9月19日至9月29日，“海上丝绸之路”冯少协油画展（马来西亚站）在马来西亚马六甲市的郑和•朵云轩艺术馆展出。中国广东省省长朱小丹、马六甲州长拿督斯里依德利斯哈仑等领导、嘉宾以及华侨200多人共济一堂，见证展览开幕。

本次展览由马来西亚马六甲州政府对华商务投资委员会，中国广东省文化厅、广东省人民政府外事办公室、广东画院等单位联合主办，是继今年7月在泰国国家美术馆之后的海外第二站，展出中国广东画院副院长冯少协创作的40幅“海上丝绸之路”主题系列油画作品。

今年5月，“海上丝绸之路”冯少协油画全球巡回展在中国广州起航。这艘满载艺术与友谊的“海丝画舫”，驶过了昔日“海上丝绸之路”的重要节点泰国后，在9月19日来到了有“东西方会晤处”之誉的马来西亚文化名城马六甲。

绘画古今马六甲
诉说海上丝路历史

本次展览展出的40幅作品，包括海港风景、建筑遗址和出土文物三类，《11世纪马来西亚吉打港•中国青瓷盘》、《明代•马来西亚吉打

冯少协 1830年·澳门南湾(局部) 布面油画 2014

冯少协 南汉广州·西亚玻璃瓶 150×100 布面油画 2014

港》、《16世纪槟城海珠岛•马六甲海峡的中国商船》、《今日•马六甲海峡》等4幅作品，取材于马来西亚当地的人文景观。

前三幅作品是冯少协通过阅读历史文献，观察出土文物创作而成。在《11世纪马来西亚吉打港•中国青瓷盘》一画中，冯少协以典型出水文物作为创作对象，11世纪，瓷器是中国最重要的出口商品，亚洲的东部、南部、西部及非洲东海岸很多国家都发现过宋瓷的存在，五大名窑出产的瓷器更是驰名亚非拉。在“海上丝路”的重要中转站——吉打古港，同样也出现了中国青瓷的美丽身影。

马六甲至今仍是马来西亚保留中国文化最丰富的地方之一，当地至今还保存着纪念郑和的三保山、三保井、三保亭等。“中国航海家郑和七下西洋，就有五次停留于马六甲。”冯少协称，《16世纪槟城海珠岛•马六甲海峡的中国商船》与《今日•马六甲海峡》两幅作品就取材自同一场景，运用虚实结合的手法，以不同时代的同一空间为题材进行创作。

郑和登陆处办展 增进中马文化交流

“画展选择在郑和登陆的地方举办，对重振‘海上丝绸之路’具有深远的历史和文化意义。”冯少协说。今天的马六甲海峡，是亚、非、澳、欧沿岸国家往来的“黄金水道”。画家笔下的《今日•马六甲海峡》里，满载货物的万吨货轮从远方驶过，生动地展现马六甲海峡的当代风姿。

冯少协的“海上丝绸之路”系列作品是国内首次系统性地表现以海上贸易为主题的绘画创作。马六甲州对华特使拿督颜天禄表示，展览让当地华人华侨见证中国文化软实力的增强。中国油画艺术“走出去”，鼓舞着当地华人华侨为实现中华民族伟大复兴的中国梦而共同努力。冯少协期待，马来西亚观众能通过这些作品，走近那段悠久而璀璨的历史，并对21世纪“海上丝绸之路”寄予美好憧憬。

有当地观众表示，作品让他们对“海上丝路”的千年辉煌，尤其是东南亚国家与中国海上贸易的悠久历史产生了直观的理解，也使他们对中国当代的油画艺术建立起新的认知。马六甲中国广东会馆主席拿督陈展鹏期望，来自中国的优秀油画艺术能增进当地侨胞对祖国文化的认同感。

冯少协透露，展览正计划前往更多“海丝”沿线国家和地区展出，“海上丝绸之路”系列创作也将继续进行，届时观众将能从画框里领略到更多古今“海上丝路”的风采。

冯少协简介

1964年出生于广东省普宁市，现任广东画院副院长、国家一级美术师、中国美术家协会会员。2003年在北京中国美术馆举办“关注中国文化市场·冯少协艺术作品展”；2006年在北京中国美术馆举办“中东的鸽子·冯少协油画展”；2007年在广州艺术博物馆举办“疏影暗香·陈履生、冯少协水墨油彩梅花展”；2009年—2011年先后在伦敦英国皇家歌剧艺术博物馆，中国香港大会堂，北京中国国家图书馆，华盛顿美国国会图书馆，中国广州艺术博物院、广州白云国际机场、安徽合肥赖少其美术馆举办“百年广州·冯少协油画展”；2015年先后在中国广州艺术博物院、泰国国家美术馆举办“海上丝绸之路·冯少协油画展”，并被列入中泰建交40周年重大纪念系列活动之一。

作品多次入选全国大型美术展并获奖。油画作品被中国美术馆、中国国家博物馆、中国军事博物馆、广东美术馆、广州艺术博物院、广州国家档案馆、人民大会堂、广东省人民政府、中共广州市委、广州白云国际机场贵宾厅、揭阳潮汕机场贵宾厅以及美国国会图书馆、泰国国家美术馆等收藏。

冯少协 1850年·香港维多利亚城 100×150 布面油画 2014

冯少协 回望·古黄埔港 100×150 布面油画 2014

冯少协 盛唐·阿拉伯商船在广州 100×150 布面油画 2014

冯少协 18世纪清·黄埔商港(1) 100×150 布面油画 2014

成何体统

——第11届全国美展金奖获得者李节平先生谈《风池观察》创作

画完农民工《小夫妻》后，一直想画一对知识分子或艺术夫妻。夫妻元素，除了具有人类衍生的基本属性，不同阶层和领域的夫妻还具有社会文化意义。事遇机缘，老苗向我约稿，我们在京城见面，我想我与许多同道有着同样惊讶的就是那条红裤子。一般说，能这样穿着的，必然有着一颗强大自信的内心。每次朋友雅聚，几杯酒下肚，便能听到苗兄高论，其观点论调深刻尖锐，一针见血。近期，苗兄做的《闲话》《各领风骚》《风池观察》，图精文妙，可谓用功至深，不仅给圈内带来品赏谈资，更拓展了诸友交流的空间。我还常常惊喜他在微信《日课》里的书作表现，无门无派，不拘一格，满篇豪气，不知他有无求师问道，但从书间气息看，他最好的老师必定是他内心的桀骜和洒脱，长此下去，不知将来"成何体统"。夫人小孟贤能聪慧，大小事娴熟于手，里里外外把老公和刊物等杂事打理得舒服、自然、得体和到位。这真是一对别样夫妻。不知不觉中，用了这样一种构图，觉得符合内心的感受，祝福这对夫妻。(注：李节平《小夫妻》荣获第11届全国美展金奖，《风池观察》见右页)。